Mein Garten
deckt den Tisch

LV·Buch Wir lieben das Landleben.

Margarete Kohlmann
Angelika Gördes-Giesen

Mein Garten deckt den Tisch

Rezepte und Geschichten aus dem Gartenjahr

Der Garten deckt den Tisch

Landgenüsse im Stadt-Format

Gartenboden unter den Füßen garantiert immer etwas Leckeres auf dem Teller. Landlust im Stadtgarten-Format. Ganz von selbst wurde der Garten von Margarete und Norbert Kohlmann zum Treffpunkt für Familie und Freunde, und auch ich traf hier auf die beiden, die gerne ihre neuen Rezeptideen beim Klönschnack im Garten präsentieren. und der hat viele versteckte lauschige Winkel. Fast unbemerkt, aber wirkungsvoll, grüne Gardinen am Fenster.

Bewusst oder Zufall, die Clematis rankt sich feingliedrig vor dem kleinen Fenster des Gäste-WCs. Das schaffte ganz neue Perspektiven und Gestaltungsmöglichkeiten. Der Garten hinter dem alten Siedlungshaus lockt jedes Jahr mit neuen Überraschungen, mit neuen Genüssen und idyllischen Winkeln. Natur ist eben spontan, und der Garten deckt hier den Tisch. Was auf den Tisch kommt, habe ich zusammen mit Margarete Kohlmann ein Jahr lang probiert, notiert und oft ungewöhnlich variiert: z. B. Brennnessel-Gnocchi, die selbst Unerwünschtes liebenswert machen. Einfache, verführerisch leckere Rezepte mit floralen Finessen, garniert mit kleinen Anekdoten, Geschichten und Gedankenspielen, eben der Garten im Kopf und der Garten im Topf. Ihre Genüsse sind inspiriert durch Düfte, Jahreszeiten, Lichtspiele und manchen Regenguss, eben Münsteraner Wetter. Ein Rezeptbuch voller Anregungen, die Lust machen, auch mal in einer Kochpause auf der Gartenbank zu schmökern, Reste bleiben fast bei jedem Essen übrig. Bei Kohlmanns aber kein Problem. Kräuterreste kommen nicht in die Tonne, sondern in die Knödel. Resteverwertung: eine altbackene Hausfrauenweisheit mit ganz neuen Genüssen, nichts Aufgewärmtes, sondern frisch gerührt, geschüttelt, gebacken – kleine Kunstwerke auf dem Teller.

Angelika Gördes-Giesen

Kochen ist Leidenschaft – Kochen ist Lust – Kochen ist Lebensfreude

Kochen ist meine Passion. Dabei ist es fast gleichgültig, was ich koche, ob schnell und einfach oder opulent und raffiniert, wichtig sind die Produkte. Als überzeugtes Slowfood-Mitglied koche ich mit regionalen und saisonalen Lebensmitteln und natürlich mit allem, was unser Garten hergibt. Durch den Garten zu streifen, Kräuter, Beeren, Obst, Salat und Gemüse zu ernten, mich inspirieren zu lassen von dem, was diese Schatzinsel mir bietet – oder frühmorgens über Wochenmärkte zu stromern, mit den bäuerlichen Anbietern zu plaudern, zu Hofläden zu radeln und aus vollen Körben immer wieder neue Rezepte und Texturen zu entwickeln, all das ist meine Leidenschaft, ein großes Glück.

Dieses Buch ist ein Spiegel meiner Leidenschaft zum Kochen und Backen, ich möchte jeden Leser motivieren, die Rezepte nachzukochen, aber auch Rezepte selbst zu variieren. Sie werden spüren, Kochen hat etwas mit Kreativität zu tun. Hat man die Grundzüge eingeübt, ist die Kür ganz einfach, wann immer Sie anfangen.
Viele Traditionen unserer Mütter und Großmütter, die mit einfachen Mitteln aus den Gartenprodukten oder ihren Vorräten Glück auf den Teller zauberten, sind verloren gegangen. Ein bisschen leben sie in diesem Buch wieder auf.

„Gelernt" habe ich das Kochen nie. Ich hatte das Glück, eine Mutter zu haben, die für ihre Zeit schon ungewöhnlich vielfältig kochte in ihrer kreativen Alltagsküche. Traurig macht mich heute manchmal, dass viele Kinder frische Produkte nicht mehr kennen und schätzen, weil sie nicht gelernt haben, sie zu schmecken.
Ein bisschen möchte dieses Buch dazu verführen.

Lassen Sie sich inspirieren von der Frischeküche, und kochen Sie einfach und somit das Beste. So widme ich dieses Buch sowohl meiner Mutter, die mir die Liebe zum Kochen und Backen alltäglich vorlebte und eine großzügige Gastfreundschaft pflegte, als auch meinem Mann und meinen Kindern, die alle drei zeit ihres Lebens frische Gartenküche als Alltäglichkeit erlebten und „dankbare" Esser waren. Das Abenteuer „Kochen mit frischen Saisonprodukten" liegt direkt vor unserer Nase, ums Haus herum oder auf Wochenmärkten. Erntefrische, mit Liebe und Hingabe hergestellte Lebensmittel. Beim Kochen gilt nämlich das, was auch im Garten und in der Natur zu beobachten ist: „Nix geht verloren."

Margarete Kohlmann

1 Blütenträume auf dem Teller

2 Stängel, Blätter, Früchte mit Biss

3 Fruchtiges & Süßes mit Suchtpotenzial

4 Gebackenes aus dem Garten

5 Fleischiges & Fischiges mit Gartenzeug

6 Würziges mit Gartenkräutern

7 Garten aus einem Topf

8 Wurzeln, Knollen & Unterirdisches

9 Resteküche

„Der Garten im Kopf“ – „Der Garten im Topf“

Der eigene Garten und die heimische Küche: Beides hat für mich etwas mit Jugenderinnerungen und lieb gewonnenen Gewohnheiten zu tun. Das klassische Haushaltswarengeschäft meiner Eltern war nicht nur ein perfekter Ort, auch meine Eltern haben meine Liebe zu schönen und praktischen Küchendingen geweckt. Die Lust auf Genuss gesellte sich dann später dazu.

Als Lehrer ganz aufs Land zu ziehen war nie so unser Ding. Mein Mann arbeitete mitten in Münster, und unsere beiden Kinder gingen dort zur Schule. Ein Häuschen in der grünen Siedlung war ideal für uns, mit einem Flecken Garten. Freunde, Nachbarn, selbst meine beiden Kinder sind immer wieder erstaunt, wenn sie die Haustür öffnen und der Blick – ob man will oder nicht – von unserer ganz persönlichen Gartenachse eingefangen wird. Neugierige gucken verstohlen längs durchs Haus, den schon betagten Betonweg entlang bis ans Gartenende zur Bank unter der Rosenlaube. Dort, wo der Blick durch Rankgewächse sanft zur Ruhe kommt, wartet die grüne Endstation, und selbst ich, die ich jeden Tag das Gartenvergnügen habe, bin immer wieder überrascht, was sich im Garten so alles ereignet. Jeder Gartenblick ist ein Stimmungsbarometer für die Familie. Er sorgt für erstaunliche Momente, für Inspiration und Ruhe.

Der Garten hinter unserem Siedlungshaus ist keine „Grüne Oase“ mit Gartencentercharakter, sondern unsere Idylle. Angelegt im Jahr 1938, war er für die Erstbewohner eine wichtige Lebensgrundlage. Mit Kartoffeln, Gemüse und Salat, Obstbäumen und Beerensträuchern, mit Jauchegrube, einem Stallgebäude für Schweine und auf dem „Büren“ das Federvieh. Nicht nur pure Landidylle, sondern auch ein Stück Küchenalltag, ein überlebensnotwendiger Nutzgarten. Ohne ihn wären Erdbeeren, Salat, Johannisbeeren, Pflaumen oder Bohnen Luxusartikel geblieben, die nicht so häufig auf den Tisch gekommen wären. Angepflanzt wurde, was frau damals so brauchte. Auch um für den Winter einzukochen. Nicht zu vergessen den Löwenzahn, den es auch ohne großes gärtnerisches Können immer gab. Manchmal ärgerlich, aber immer gutes Futter für die Stallhasen. Landlustgefühle hatten damals viel mit Rückenschmerzen zu tun, weniger mit sinnlichem Liegestuhlvergnügen. Der Garten am Stadtrand der Universitätsstadt Münster, zwölf Fahrradminuten von Münsters guter Stube, dem Prinzipalmarkt, entfernt, war der typische Siedlungsgarten, ein Bauerngarten in der Stadt. Denn hier wohnten die Arbeiter, nur gut 250 Schritte bis zum Ende der Siedlung, wo die westfälische Parklandschaft begann und die Werse, ein kleines Flüsschen, dahinplätscherte.

Der Garten, der fast alles hat

„Ach, der Garten!" Das war meine erste Reaktion, als ich das Grundstück 1999 zum ersten Mal betrat. Eigentlich sprach nichts für den Kauf der Immobilie, ein altes Siedlungshaus, oft um- und ausgebaut, ohne erkennbare Stilrichtung, von Grund auf sanierungsbedürftig und mit wenig Flair. Aber praktisch für eine Familie mit zwei Kindern. Der Umzug war sehr unkompliziert, denn unser neues Domizil war nur ein paar Meter von der alten Wohnung entfernt. Es roch nach Arbeit und kostenintensiven Investitionen. „Wollt ihr nicht lieber alles abreißen und neu bauen?", fragten Freunde besorgt, „Natürlich nicht!", lautete die prompte Antwort. Denn dann hätte auch der Garten ein ganz neues Gesicht bekommen, und das wollte keiner von uns. Dieser Garten erzählte uns viele Geschichten, sogar der alte Betonweg mit seinen oft verfluchten Unkrautfugen stammt aus der Nachkriegszeit, akkurat und militärisch korrekt angelegt wie ein Schlachtplan. Meine Antwort auf alle Zweifel lautete: „Der Garten ist Gold wert!" Und genau so erlebe ich es auch heute – mehr als zehn Jahre später. Aber es ist eine nie endende Bau- und Gestaltungsgeschichte. Ein Leben ohne Garten könnte ich mir nicht vorstellen. Er ist mein Dreh- und Angelpunkt, der mir Ruhe schenkt, mich aber manchmal auch zur Verzweiflung treibt. Mal kann ich jeden Tag körbeweise ernten, so dass ich kaum noch weiß, wohin mit der üppigen Ernte. Für diese Fälle gibt es ja die gute alte Methode des klassischen Einkochens. Man kann fast alles einfrieren, und ich bin ein Fan der kreativen Resteküche. Aber ein Siedlungsgarten macht die Küche nicht autark. Mittlerweile habe ich weitere Quellen: meine Gemüse-, Obst- und Fleischlieferanten. Eine ideale Kombination von selbst Geerntetem und mit Liebe selbst Gemachtem, selbst Gekochtem. Ich engagiere mich ehrenamtlich, und meine Genuss-Ideen finden viel Anklang.

Mein Kinder-Garten

Meine Erinnerungen an Kindertage sind Gartenerinnerungen. Der Garten meiner Kindheit war der von Tante Lene, einen kräftigen Steinwurf von meinem Elternhaus entfernt. Tante Lenes Garten war der Ort meiner Abenteuer, meines ungestümen Bewegungsdranges, meiner blühenden Fantasie. Ein Garten – in der Erinnerung riesig groß –, am Hang gelegen zwischen dem Ruhrgebiet und dem Bergischen Land, kaum gerade, ebene Flächen. Alles war irgendwie schief, verwinkelt und verwunschen. Die Knicker kullerten den abschüssigen Weg entlang und fingen sich an bemoosten Betonsteinkanten.

Terrassenartig schmiegten sich die Beete an den Abhang, gestützt von alten verwitterten Mauern. Ich betrachte heute vergilbte bräunliche Fotos mit den Mausezähnchen ringsherum, die die kleine Margarete zeigen, nicht in Röckchen und mit Püppchen, sondern in hellgrauer kurzer Wildlederhose, mit Blechgießkanne und Harke, mit Wasserschlauch und Zinkeimer zum Sammeln der Beeren.

Naschfreuden

Auf die weißen Johannisbeeren war ich besonders erpicht. Beim Pflücken landeten nur wenige im Behälter, aber viele in meinem Mund. Denn der säuerliche Geschmack war besser als der von Brause. Ich erinnere mich an die Kerne, die am Gaumen kleben blieben, und daran, wie ich sie mit der Zunge emsig im Mund verteilte. Dabei saß ich im Gras, meine Fingernägel schwarz von den Erdkrumen. Still und vergessen saß ich dort in der Sonne, sammelte Marienkäfer, deren kleine Beine so wunderbar auf der Haut kitzelten. Diese Selbstvergessenheit hat mir in meinen oft wilden Kinderjahren Ruhe gegeben. Tante Lenes Garten, das hieß für mich Felder strahlend schöner Cosmeen, kräftige Margaritenbüsche, tiefblaue Iris und zu Pfingsten blutrote Pfingstrosen zu erleben. Dazwischen ein Meer von Bartnelken. Ich sammelte Pfingstrosenblätter, um damit Blumenbilder für die Fronleichnamsprozession zu legen. Ich beobachtete Ameisenfeldzüge an den Stängeln der Kornblumen. Mit kleinen Stöckchen leitete ich die Heeresstraße um. Ich war die Feldherrin dieser „Ameisensoldaten“ und vergaß dabei die Welt um mich herum.

Tante Lenes Garten

Birnen- und Apfelbäume wollten erklettert werden. Onkel Franz hatte eine Schaukel und eine Strickleiter darin befestigt. Das Knarren in der Aufhängung klingt mir noch heute im Ohr. Und dann – am höchsten Punkt des Schaukelschwungs – konnte ich weit über den Fliederbusch bis hinunter zur Ruhr sehen. Tante Lenes Garten: Dazu gehörte auch die mit Clematis bewachsene Laube, in der ich so gerne saß. Ganz allein, dabei behütet von Onkel Franz in seiner Werkstatt nebenan und Tante Lene in ihrer Wohnküche im Hochparterre. Ein bisschen erinnert mich die Clematis, die heute vor unserem Gästebad wie eine Gardine aufdringliche Blicke abwehrt, an meine Kindertage.

Gärtnerin bin ich nicht geworden, Gott sei Dank. Sonst hätte ich vielleicht nicht mehr so viel Spaß daran. Stattdessen bin ich Lehrerin geworden, und das mit Leib und Seele. Heute bin ich im Unruhestand und kann meine Gartenlust in vollen Zügen ausleben.

Ich erinnere mich an den Duft von Buchweizenpfannkuchen, der aus dem weit geöffneten Küchenfenster in den Garten zog. An köstlichen warmen Milchreis, den ich – ganz hinten in der Ecke der Laube sitzend – so gerne aß. Ganz allein mit mir, aber doch behütet im Garten meiner Kindheit. Kein Wunder, dass ich es in keinem Kindergarten aushielt und meine Eltern das schließlich auch einsahen.

Gartenglück hinter Zäunen

Der Garten hinter meinem Elternhaus war der Garten der Hausbesitzer, der Garten „unten", denn meine Familie wohnte zur Miete im Obergeschoss eines Hauses in einer Großstadt im Ruhrgebiet. Sich dort aufzuhalten hieß Verbote zu beachten. „Gehe nicht zu nahe ans Haus zu den Vermietern!" „Sei leiser!" „Halte den Ball fest!" Das Interessanteste an diesem Vermietergarten war der Nachbar, ein alter Hilfsschullehrer, wie es damals hieß, voller Güte und Nachsicht, der manchmal ein bisschen weltfremd wirkte. Als ich an einem schönem Junitag, im Gemüsebeet hinter Büschen versteckt, voller Tatendrang mit neugierigen Blicken prüfen wollte, ob am gefiederten Grün schon kleine Möhren zu sehen waren, und die Minimöhren samt Grün über den Zaun flogen, rief eine warme Stimme aus den Nachbarbüschen: „Möhrchen, Möhrchen!" Ich fühlte mich ertappt in meinem geheimen Gartenglück – aber auch verstanden: „Ich weiß ja, dass du unbedingt wissen wolltest, was da im Boden so vor sich geht, wie es denn eigentlich funktioniert, das Wachsen." Das sagte der Nachbar zwar nicht, aber meine Ohren hörten es. Da verstand jemand meine kleinen Abenteuer, und als viele Jahre später meine Eltern diesen Nachbargarten samt Haus des Hilfsschullehrers als Altersruhesitz kauften, nahm ich seine verbliebenen Bücher vom Dachboden an mich. Der altersmilde Nachbar, der mich als Kind mit meiner Gartenneugier schon verstanden hatte, hat heute einen besonderen Platz, seine alten Bücher stehen noch heute bei uns im Regal.

Ihre Margarete Kohlmann und Angelika Gördes-Giesen

Auf einer Reise nach Mecklenburg begegneten mir Taglilienblüten auf dem Teller. Mein erstes Erstaunen wandelte sich in Begeisterung, zumal Taglilien zu meiner Blumensammlung im Garten gehören. Etwa 10 verschiedene Farben und Formen gibt es zu bestaunen, aber sie blühen nur einen Tag lang. Die Knospen schmecken zunächst süßlich, hinterlassen jedoch später einen leicht pfeffrigen Geschmack im Mund. Und so sind der Kreativität keine Grenzen gesetzt: mal süß, mal salzig, immer wieder anders. Immer wieder ein neuer Genuss!

Knospen von der Taglilie in Wein

ZUTATEN

pro Person
ca. 4 Blütenknospen von der Taglilie

25 g Butter

25 ml Roséwein

etwas Zucker

Rosenblütensalz

Die Blütenknospen vorsichtig abbrausen und trocken tupfen.
In der ausgelassenen Butter rundherum anschwitzen, mit dem Wein ablöschen und mit Zucker und Rosenblütensalz je nach Beilage würzen. Sie dürfen nur kurz abgedeckt garen, da sie zum Verzehr Biss haben sollten.

TIPP: Ich serviere die Taglilienknospen „herzhaft" zu gebratenem Edelfisch (Zander, Dorsch) mit glacierten ganzen Möhrchen aus dem Garten.
Die süße Variante schmeckt zu einer Zabaione aus Roséwein und frischen Beeren.

Gefüllte Zucchiniblüten

ZUTATEN

4 Zucchiniblüten, am besten schon mit einer kleinen Frucht darin

150 g Lachsfilet

150 g Quark oder Ricotta

2 EL geriebener Parmesankäse

1 Eigelb

Schale von einer ½ Zitrone

Salz und Pfeffer

1–2 EL Olivenöl

etwa 100 ml trockener Weißwein

1 Gurke

250 g Naturjoghurt, 3,5 % Fettgehalt

Prise Zucker oder Ahornsirup nach Geschmack

Saft einer ½ Zitrone

2 Dillstängel

Thymian nach Gusto

Die Staubgefäße und den Stempel im Inneren der Blüten und ebenso vorsichtig die grünen Kelchblätter unterhalb der Blüten entfernen. Die Blüten vorsichtig in Wasser schwenken und abtropfen lassen. Den Lachs säubern und sehr fein schneiden. Mit Ricotta, Parmesan Eigelb, Zitrone und Gewürzen vermengen. Mit einem Teelöffel in die Blüten füllen und sachte zusammendrehen. Mit Salz und Pfeffer würzen und in einer Pfanne in heißem Öl kurz rundherum anschwitzen. Mit Wein ablöschen und kurz dünsten Die Gurke schälen oder mit dem Sparschäler abziehen, längs halbieren und in feine Scheiben schneiden. Auf Teller portionsweise verteilen. Aus Joghurt, Zucker, Zitronensaft und Dünstsud mit Salz und Pfeffer eine Tunke rühren. Die Gurkenscheiben damit beträufeln, mit den Kräutern belegen und die Zucchiniblüten aus dem Sud nehmen und auflegen.

TIPP: Bei der Zucchiniblüte muss das Stückchen Fruchtfleisch an der Blüte gefächert werden, so dass man Blüte, Frucht und Füllung genießt – eine tolle Textur.
Für kühlere Sommertage kann man statt des Gurkengemüses auch ein warmes mediterranes Tomatenragout zubereiten.
Beim Käse kann man ganz vorsichtig ein wenig cremigen Balsamico und etwas Olivenöl anträufeln. Aber Vorsicht: die zarten Blüten nicht erdrücken.

Blüten sind nicht nur verführerisch anzuschauen, sondern bieten viele süße Nuancen. Bienen und Hummeln wissen das zu schätzen: Der süße Nektar und die Blütenpollen ziehen sie magisch an. Die blumige Süße wissen auch Köche zu schätzen. Holunderblüten-Sirup ist heute schon in gut sortierten Supermärkten zu haben. Aber es geht auch anders. Ich habe ein bisschen experimentiert. Meine spezielle Holunderblüten-Mousse zieht heute meine Familie magisch an, und das Schönste: Das Rezept klappt auch mit vielen anderen leckeren Blüten, von Lavendel bis zu Duftgeranien.

Holunderblüten-Mousse

ZUTATEN

- 5–6 Holunderblütendolden, frisch geschnitten
- 200 ml Weißwein
- 2 Eier
- 200 g Sahne
- 40 g Zucker
- 3 Blatt Gelatine

Die Dolden vorsichtig abbrausen und trocken schütteln. Den Wein in eine flache Schale gießen und die Blüten kopfüber hineintunken. Schale über Nacht in den Kühlschrank stellen. Am anderen Tag die Dolden abschütteln und den Wein filtrieren. Über Nacht hat er den Holundergeschmack angenommen. Die Eier trennen, Eigelb mit Zucker weiß-cremig rühren. Das Eiweiß zu sehr festem Eischnee schlagen. Den Holunderwein unter die Eigelb-Zucker-Mischung rühren, den Eischnee unterheben. Die Blattgelatine auflösen und einrühren. Sobald die Masse fest zu werden beginnt, die Sahne schlagen und unterheben. Über Nacht, mindestens aber 3–4 Stunden kalt stellen. Vor dem Servieren von der Mousse mit einem Esslöffel Nocken abstechen und auf eine frische Fruchtsauce, z. B. aus Erdbeeren, setzen. Mit einer Holunderblüte garnieren.

TIPP: Eine Variante dieses Rezeptes ist im Hochsommer die Lavendelmousse. Die Herstellung geht genau so, nur nimmt man stattdessen frische Lavendelblüten. Beide Mousses sind im Geschmack sehr ungewöhnlich und – mit frischen Blüten aus dem Garten dekoriert – auch optisch eine Augenweide.

Wenn französisches Flair auf traditionelle westfälische Nachtischküche trifft, riecht es bei Kohlmanns ein bisschen wie in einer Parfümerie. Ihr Sommer-Dessert: eine Crème brûlée mit Blütenzauber.

Lavendelcrème brûlée

ZUTATEN

400 g Sahne

150 ml Milch (1,5 % Fett)

90 g Zucker

1 Vanilleschote

4 Eigelb

1 Bündchen Lavendelblüten

3–4 EL Zucker

4–5 EL brauner Zucker zum Abbrennen

Am Vortag die Sahne mit der Milch, dem Zucker und dem Mark der Vanilleschote verrühren. Die Eigelb untermischen. In die Masse die Vanilleschote und die Lavendelblüten einlegen. Das Ganze über Nacht im Kühlschrank ziehen lassen. Am nächsten Tag die Masse durch ein Haarsieb abseihen und in 6–8 feuerfeste Förmchen verteilen. In die Fettpfanne des Backofens kochend heißes Wasser gießen und die Förmchen hineinstellen, so dass sie bis zur Hälfte im Wasserbad stehen. Bei 150 °C 45–60 Minuten garen lassen, die Creme darf nicht mehr flüssig sein. Nach dem Abkühlen die Creme mit braunem Zucker bestreuen und diesen mit dem Brûlée-Brenner zur knusprigen Kruste abbrennen. Mit frischen Lavendelblüten bestreuen und sofort servieren.

TIPP: Mit Lavendelblüten wird die klassische Crème brûlée fein parfümiert. Sie ist die Krönung eines sommerlichen Gartenmenüs und kann mit frischen Beeren aus dem Garten ergänzt werden.

Bohnensalat von weißen und grünen Bohnen, Schnippelbohnen: Bohnen in allen Variationen sind typisch für die westfälische Küche. Ein regionales Essen, das durchaus nicht langweilig sein muss. Man kann Bohnen auf verschiedenste Arten immer wieder neu kombinieren. Uns schmeckt der Bohnensalat so am allerbesten.

Bohnensalat mit Ziegenfrischkäse

ZUTATEN

- 400 g junge, grüne Bohnen
- 10 kleine Tomaten
- Salz, Pfeffer, Bohnenkraut
- glatte Petersilie
- 3 EL Winzeressig
- 1 EL Balsamico
- 2 EL Olivenöl
- 1 kleine rote Zwiebel
- Ziegenfrischkäse nach Geschmack
- Blattsalat als Unterlage

Die Bohnen putzen, waschen und mit etwas Bohnenkraut in Salzwasser bissfest kochen. Damit die Farbe erhalten bleibt, anschließend in Eiswasser abschrecken.
Die Tomaten mit kochendem Wasser überbrühen, ebenfalls kalt abschrecken, häuten und je nach Geschmack halbieren oder vierteln. Die Petersilie und das restliche Bohnenkraut zupfen, hacken und mit den Tomaten und Bohnen in einer Schüssel mischen. Dabei etwas Petersilie und Bohnenkraut fürs Garnieren beiseitestellen.
Aus Salz, Pfeffer, den Essigen und Öl sowie der fein gewürfelten Zwiebel eine Vinaigrette herstellen und über die Bohnen-Tomaten-Mischung gießen.
Die Salatblätter entweder in einer flachen Schüssel oder auf Vorspeisetellern als Unterlage verteilen, den Bohnensalat darauf anrichten. Den Ziegenfrischkäse in kleinen Stückchen darüber verteilen. Den Salat mit Bohnenkraut und glatter Petersilie garnieren.

TIPP: Dieser Salat ist ein herrliches Sommeressen und ruck, zuck fertiggestellt. Mit geröstetem Brot und einem Glas gekühltem Roséwein für einen leichten Genuss an lauen Sommerabenden.

Pfannkuchen mal nicht mit Blaubeeren, sondern diesmal ganz feine Eierkuchen mit würziger Gemüsefüllung. Crespelle fehlen auf keiner original italienischen Speisekarte. Die italienische Pfannkuchen-Variante wird mit Schinken, Pilzen, Käse, Tomaten, Spargel, Spinat oder Ricotta gefüllt aufgerollt und oft mit viel Sauce, z. B. mit Béchamel-Sauce überbacken serviert. Egal, ob als Vorspeise oder Hauptgericht – einfach lecker.

Crespelle mit Stielmus-Füllung

ZUTATEN

Für die Stielmus-Füllung:

800 g Stielmus

30 g Butter

1 kleine gewürfelte Zwiebel

2–3 Möhren, mittelgroß

Salz

100 g Gemüsebrühe

2 kleine gekochte Kartoffeln

2 EL saure Sahne

Salz, Pfeffer, Muskat, Thymian

Für den Crespelle-Teig:

¼ l Milch

125 g Mehl

2 kleine Eier

Salz

Außerdem:

2–3 EL Fett zum Backen

Für die Füllung das Stielmusgemüse putzen und in ca. 1 cm lange Stücke schneiden. Anschließend sehr gründlich waschen und in kochendem Salzwasser blanchieren. Dann das Wasser abgießen. In einem Topf die Butter erhitzen, die Zwiebelwürfel darin anschwitzen, das Stielmus und die gewürfelten Möhren dazugeben. Mit Brühe angießen und ca. 10 Minuten garen. Die vorher gekochten Kartoffeln durch eine Presse in das Gemüse drücken, die saure Sahne unterziehen, alles mit Salz, Pfeffer, Muskat und einigen Thymianblättchen abschmecken.
Die angegebenen Zutaten zu einem glatten Teig verrühren und mindestens eine Stunde ruhen lassen. Dann daraus in einer Crêpe-Pfanne vier Crespelle (Crêpes) von beiden Seiten goldbraun backen. Anschließend das Stielmusgemüse daraufgeben, aufrollen und diagonal halbieren.

TIPP: Als Hauptmahlzeit wird dazu ein Salat gereicht. Man kann die Stielmus-Crespelle auch als Beilage zu kurz gebratenem Fleisch servieren. Als dritte Variante kann man das Gemüse auch wie eine sämige Suppe bzw. als Eintopf zubereiten. Die Crespelle aufgerollt und in Ringe geschnitten dazureichen.

Pfannkuchen mit grüner Füllung

Mal süß, mal deftig: Pfannkuchen schmecken immer gut. Meine Lieblingsvariante: Grüner Pfannkuchen mit Spinat. So mögen auch Spinatmuffel das grüne Blattgemüse.

ZUTATEN

Für das Gemüse:

1 kg frischer Blattspinat (wenn es schnell gehen soll: TK-Blattspinat)

1 EL Butter

1 Schalotte

Salz, Pfeffer, Muskat

Für die Pfannkuchen:

3/8 l Milch, 3 Eier

150 g Mehl, Salz

1 Schuss Mineralwasser

Außerdem:

Butterschmalz oder Öl zum Braten

Den Spinat gründlich waschen, verlesen und ohne Wasser bei mittlerer Hitze in einem Topf zugedeckt zusammenfallen lassen. Durch ein Sieb abgießen und grob auf einem Brett zerschneiden (klappt mit einem Wiegemesser am besten). In einem zweiten Topf die Butter zerlassen und die klein gewürfelte Schalotte andünsten. Den Spinat hinzufügen, mit Salz, Pfeffer und Muskat würzen und abgedeckt ziehen lassen.

Für die Pfannkuchen die Zutaten zu einem glatten Teig verrühren und diesen mindestens eine Stunde ruhen / quellen lassen. Dann daraus in heißem Butterschmalz / Öl vier Pfannkuchen backen. Die Spinatfüllung auf die Pfannkuchen verteilen und Letztere aufrollen.

TIPP: Wer es noch gehaltvoller mag, legt auf die gebackenen Pfannkuchen eine Scheibe Kochschinken und gibt dann noch angebratene Champignons dazu. Dann erst den Spinat darauf verteilen. Die Pfannkuchen aufrollen, in eine gefettete Auflaufform legen, Käse darüberreiben und im vorgeheizten Backofen überbacken. Die italienische Variante besteht aus der Spinatfüllung mit getrockneten Tomaten und Käse, z. B. Fontina. Es eignet sich jeder Weichkäse, auch Feta … auch wenn's dann nicht echt italienisch ist.

Kalte Gurkensuppe

Bei diesem Rezept haben wir die Gazpacho, eine spanische Spezialität, ein bisschen abgewandelt. Bei unserer schnellen kalten Gurkensuppe müssen die Gurken nicht immer der (EU-)Norm entsprechen, aber „enorm" schmecken …

ZUTATEN

3 Salatgurken

½ l kalte, klare Gemüsebrühe (selbst gemacht oder fertiger Gemüsefond)

Saft von 1 Zitrone

Pfeffer, 2 Bund Dill

1 Becher Crème fraîche oder saure Sahne

Die Gemüsebrühe aufkochen und erkalten lassen. Die Gurken schälen, längs halbieren, mit einem Löffel entkernen und in kleine Stücke schneiden. Eine halbe Gurke für die Dekoration zurücklegen. Die Gurkenwürfel mit etwas Gemüsebrühe in der Küchenmaschine oder mit dem Pürierstab zerkleinern. Zusammen mit der restlichen Brühe in einen Topf geben und mit Zitronensaft und Pfeffer würzen. Den fein geschnittenen Dill unterrühren. Das Ganze sehr kühl stellen. Die Crème fraîche verquirlen und vor dem Servieren in die Suppe einrühren. Die Suppe in gekühlten Suppentellern mit Gurkenscheiben und Dill garnieren.

TIPP: Diese Suppe ist an heißen Tag Labsal für den Gaumen, besonders wenn sie auf einem mit Eiswürfel gefüllten Suppenteller in kleinen Schälchen serviert wird. **Variante:** Man gibt zusätzlich noch geräucherte Lachsstreifen oder Nordseekrabben dazu.

Eine Gremolata ist keine Zauberei und für Gartenfans, die ein (wenn auch kleines) Kräuterbeet besitzen, eine gute Möglichkeit, eine eigene Gewürzmischung herzustellen, die genau zu ihren Rezepten passt. Die originale italienische Gremolata ist eine Kräuterwürzmischung und ein Klassiker der italienischen Küche. So wird sie gemacht: Glattblättrige Petersilie, etwas Zitronenschale und Knoblauch klein hacken und miteinander vermengen. Diese Mischung schmeckt am besten zu warmen Gerichten. Man gibt sie dann erst gegen Ende der Garzeit dazu. So bleiben Geschmack und Aroma erhalten. Eine Gremolata kann man nach Geschmack und Belieben auch mit anderen Kräutern herstellen bzw. sonst wie variieren: Es klappt auch mit Rosmarin, Salbei und Thymian, Orangenschale oder auch Peperoncini, eingesalzenen Sardellen und Parmesan. Gremolata ist die klassische Komponente beim Ossobuco alla Milanese.

Kürbissuppe – die Fruchtige

ZUTATEN

1 mittelgroßer Hokkaido-Kürbis

2 Zwiebeln

2–3 rote Äpfel (je nach Größe, z. B. Kaiser Wilhelm oder Wellant)

1 TL Zucker

1–2 EL brauner Zucker

1 EL Butter

2 EL Rapsöl

Zesten von 1 Orange

1 l Gemüsebrühe

Thymianblättchen

1 Becher (150–200 g) saure Sahne oder Crème fraîche

Salz, Pfeffer, Muskat, Thymian

Eine gewürfelte Zwiebel im heißen Rapsöl andünsten, Apfelwürfel eines Apfels mit Schale zugeben, mit dem braunen Zucker karamellisieren. Den Hokkaido waschen, teilen, entkernen und mit Schale grob würfeln. Die Kürbiswürfel in den Topf geben, noch einmal etwas Zucker zugeben, mit der Gemüsebrühe auffüllen und aufkochen lassen. Zusammen mit den Gewürzen ca. 15 Minuten im geschlossenen Topf garen, anschließend mit dem Stabmixer fein pürieren und durch ein Spitzsieb passieren. Die Suppe mit 2 EL saurer Sahne aufschäumen. Für die Gremolata eine fein gewürfelte Zwiebel in der Butter anbraten, einen weiteren, fein gewürfelten Apfel zugeben. Mit dem Zucker karamellisieren, die Orangenzesten nach Geschmack zugeben. Salzen, pfeffern und mit frischen Thymianblättchen abschmecken. So entsteht eine sämige Konsistenz. Die aufgeschäumte Kürbissuppe in vorgewärmte Teller geben, einen Klecks saure Sahne in die Mitte drapieren und die Gremolata auflegen. Mit frischem Thymian servieren.

TIPP: Durch die karamellisierten Äpfel bekommt der Kürbis einen fein-fruchtigen Geschmack. Will man die Suppe noch etwas deftiger zubereiten, legt man als Münsterländer eine Ecke gebratenes Wurstebrot zur Gremolata, der Rheinländer wählt eher eine Scheibe gebratene Blutwurst.

… nur echt mit Apfelcaramel
und einer Gremolata.

Rote-Bete-Gemüse

Rote Bete ist ein Knaller auf dem Teller, ein farbenfrohes Gemüse, von dem wir nie genug haben können. Rote Bete ist ausgesprochen kalorienarm. Stattdessen enthält sie viel Eisen und Folsäure und sorgt für Vitamine und Mineralstoffe im Winter. Dieses „Stiefkindgemüse" mit durchschlagender Wirkung macht sich auch sehr gut als Zierde für die festliche Weihnachtsgans.

ZUTATEN

500 g Rote Bete (je nach Größe ca. 3–4 Knollen)

2 EL Butter oder Rapsöl

Salz nach Geschmack

½ TL Pimentkörner oder Pfeffer

1 Orange

etwas Balsamico-Essig oder Balsamico-Creme

Kräuter nach Geschmack

Die Rote-Bete-Knollen mit dem Sparschäler möglichst dünn schälen und die Wurzel- und Blattansätze knapp abschneiden. Achtung: Die Hände färben sich dabei rot, und ich empfehle deshalb, Einmalhandschuhe zu tragen. Das Gemüse in möglichst gleichkantige Würfel schneiden, damit sie gleichmäßig garen. In der zerlassenen Butter vorsichtig dünsten, salzen und die vorher gemörserten Gewürze zugeben. Die Orangenschale hineinreiben, die Orange auspressen und den Saft löffelweise hinzufügen, so dass das Gemüse nicht ansetzt. Abgedeckt sanft dünsten und den restlichen Orangensaft nach und nach hinzugeben.
Der Geschmack wird besonders intensiv, wenn die komplette Flüssigkeit sirupartig einkocht. Das Gemüse abschließend mit Balsamico abschmecken und mit frischen Kräutern servieren.

TIPP: Rote Bete ist ein perfekter Begleiter zur Gans oder Ente. Diese Gemüsebeilage essen wir sehr gerne zur Weihnachtszeit anstelle des gehaltvollen traditionellen Rotkohls.
Am besten gleich eine Knolle mehr kochen, um einen Rote-Bete-Salat auf Vorrat zu zaubern, wenn es einmal schnell gehen soll.

Linguine „Tricolore“

Nudeln werden nie langweilig,wenn man sie immer wieder neu kombiniert mit allem, was der Garten gerade so hergibt: Mein italienisches Feeling für Gartenarbeiter, bei denen es schnell gehen muss.

ZUTATEN

1 Paket Linguine

4 große Möhren

2 Zucchini

1 EL Butter

10 Salbeiblätter

Salz, Pfeffer, Muskat

Parmesankäse

Die Linguine in reichlich Salzwasser geben und bissfest garen. Die Möhren schälen, Zucchini waschen und Stiel- sowie Blütenansatz abschneiden. Mit einem Sparschäler bei beiden Gemüsesorten rundherum feine Streifen abhobeln. Das Gemüse in Butter andünsten, salzen und pfeffern. Den gewaschenen und geschnittenen Salbei mitgaren. Die Nudeln abschütten und in einer vorgewärmten Schüssel Gemüse und Nudeln dekorativ vermengen, mit frischem Parmesankäse servieren.

TIPP: Hierzu schmeckt sowohl ein Basilikum- als auch ein mildes Paprikapesto. Im Handel gibt es bereits eine Küchenhilfe, mit der man das Gemüse wie bei einem Anspitzer in dünne Streifen hobeln kann. Dieses Gericht ist für Anfänger gedacht und macht farblich eine Menge her. Es klappt auch mit anderen (kurzen Nudeln), wenn z. B. noch Reste im Kühlschrank stehen.

Rote-Bete-Carpaccio mit Kartoffeldressing

Auf den ersten Blick erinnert es schon an ein traditionelles Carpaccio, aber der erste Biss verrät: Hier ist Gemüse statt Fleisch im Spiel. Ausgerechnet das „gesunde" Gemüse, das viele in Kindertagen nicht gerne gegessen haben. Aber so wie ich die hauchdünn geschnittenen Rote-Bete-Scheiben serviere, kann kaum einer widerstehen – ein Gericht für „eingefleischte" Vegetarier und Fleischesser, die ihre Liebe zum Gemüse neu entdecken.

ZUTATEN

Für das Carpaccio:

4 frische Rote-Bete-Knollen

1 Hand voll gemischte Blattsalate

250 g Pfifferlinge

1 kl. gewürfelte Zwiebel

Salz, Pfeffer, Muskat, gemahlener Koriander

Für das Salatdressing:

1 kleine gekochte Kartoffel

2–3 EL Weißweinessig

2 EL Rapsöl

1 EL saure Sahne

Salz, Pfeffer

etwas Senf

frische Kräuter

Die Rote-Bete-Knollen waschen und in etwas Salzwasser bissfest garen. Ich gare sie gerne in einem Dämpfkörbchen. Ein Topf mit heißem Wasser, in den ein kleines Edelstahlsieb gehängt wird, geht auch. Nach dem Garen abpellen und auskühlen lassen.
In der Zwischenzeit den Salat verlesen. Die ausgekühlten Rote Beten in hauchdünne Scheiben hobeln und dachziegelartig auf vier Teller verteilen. Den Blattsalat in die Mitte dekorieren, die geputzten Pfifferlinge in etwas Butter anbraten, mit Salz, Pfeffer, Muskat und gemahlenem Koriander würzen und noch warm auf den Salat geben. Das Salatdressing auf die Teller verteilen und mit frischen Kräutern anrichten.

TIPPS fürs Kartoffeldressing: Kartoffeln mit Schale kochen und pellen. Dann Zwiebeln kurz anschwitzen, etwas Brühe und durch eine Presse die lauwarmen Kartoffeln hineingeben. Das Ganze wird mit einem Pürierstab aufgemixt. Danach kommen ein kleiner Schuss Balsamico und ein kleiner Löffel saure Sahne dazu. Raps-, Oliven- und/oder Walnussöl dazugeben und umrühren. Am besten ausprobieren, was man am liebsten mag.

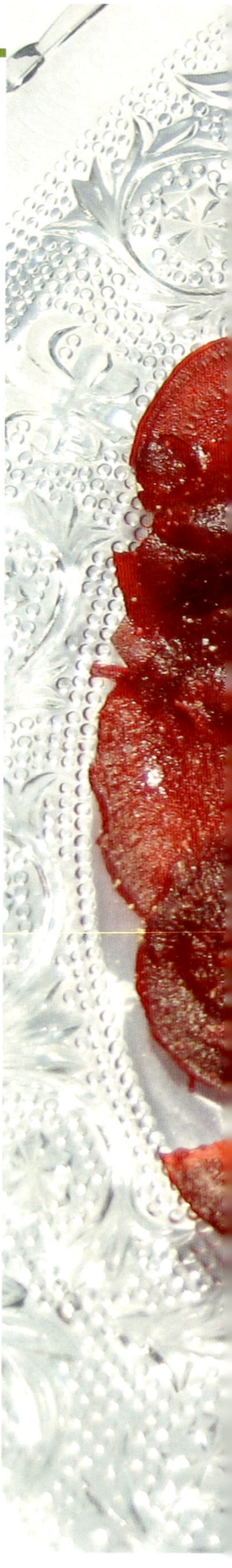

Spaghetti mit grünem Gartengemüse und Pesto

Rot oder Grün? Das ist für mich die Frage: Was gibt der Garten her, oder was lockt mich beim Marktbummel? Wenn ich das Gericht mit roter Gemüsesauce zubereite, dann nehme ich rote Zwiebeln, Möhren, Tomaten, rote Paprika und eine rote Chilischote. Für das Pesto verwende ich getrocknete Tomaten. Bei der grünen Variante wähle ich die Zutaten wie im Rezept angegeben. Besonders im Sommer, wenn es viele Gemüsesorten gibt, lohnt es sich, zu experimentieren oder auch einfach Reste zu verwerten.

ZUTATEN

Für das Pesto:

4 Stiele Basilikum

4 Zweige glatte Petersilie

1 Bund Rauke

50 g geriebener Hartkäse (z. B. Grana Padano)

2 EL Zitronensaft

Salz

7 EL Öl

Für das Gartengemüse:

250 g Brokkoli

1 mittelgroße Zucchini

700 g frische Erbsenschoten

Evtl. 6–8 Dicke-Bohnen-Schoten

250 g frische Buschbohnen

1 Schalotte

1 grüne Chilischote

100 g Pancetta (ital. Bauchspeck)

Salz, Pfeffer, Muskat

Außerdem:

500 g Spaghetti

200 ml flüssige Sahne

Für das Pesto die Kräuterblätter mit Käse, Zitronensaft, Salz und Öl mit einem Schneidstab fein pürieren. Brokkoli putzen, waschen und in kleine Röschen teilen. Zucchini waschen und in dünne Scheiben schneiden. Die Erbsen und dicken Bohnen palen, die Buschbohnen waschen, entfädeln und in mundgerechte Stücke brechen. Die Schalotte fein würfeln und die Chilischote fein schneiden. Die dicken und grünen Bohnen in kochendem Salzwasser blanchieren, Pancetta in dünne Streifen schneiden und in einer Pfanne knusprig anbraten, die gewürfelte Schalotte, die Chilischote, Brokkoli, Zucchini und Erbsen dazugeben. Alles dünsten und mit Salz, Pfeffer und Muskat würzen.
Die Nudeln in reichlich kochendem Salzwasser bissfest garen, abgießen und tropfnass zum Gemüse geben. Die Bohnen abgießen und hinzufügen. Die Sahne angießen und das Pesto zugeben. Alles gut mischen und auf vorgewärmten Pastatellern anrichten. Mit geriebenem Käse und frischen Kräutern servieren.

KÜCHENINFO: Pancetta ist ein Bauchspeck vom Schwein aus Italien, der regional sehr unterschiedlich hergestellt wird: z. B. mit unterschiedlichen Kräutern wie Rosmarin und Salbei gewürzt, gesalzen und luftgetrocknet, gelegentlich auch leicht geräuchert. Die fetteren Stücke werden im Ganzen verarbeitet. Der Geschmack ist mild-aromatisch.

Warmes Gurkengemüse

Gurken sind ideal für alle, die Kalorien sparen wollen, denn sie enthalten zu über 95 % Wasser. Das hat aber auch Nachteile: Der Eigengeschmack ist gering. Deshalb variiere und experimentiere ich gerne. Resultat: ein warmes Gurkengemüse, das im Gurkenschiffchen serviert werden kann; schmeckt auch ganz ohne Beilage.

ZUTATEN

6 kl. Kartoffeln

2 Schalotten

2 Salat- oder Schmorgurken

1 EL Butter oder etwas Rapsöl

1 EL Mehl

400 ml Gemüsebrühe

Salz, Pfeffer

2 EL körniger Senf

125 g saure Sahne

Etwas Zitronensaft, Zucker, Dill

Die Kartoffeln waschen und in Salzwasser garen, die Schalotten abziehen und klein würfeln. Die Gurken schälen, halbieren und mit einem Löffel entkernen. Die Gurkenhälften quer in kleine Stücke schneiden. Das Fett in einer großen hohen Pfanne erhitzen, die Schalottenwürfel darin anschwitzen, die Kartoffeln pellen und in hauchdünnen Scheiben zu den Schalotten geben. Die Gurken hinzufügen, alles mit Mehl bestäuben und leicht anziehen lassen, bis die Masse etwas fester wird. Dann mit der Gemüsebrühe angießen. Mit Salz und Pfeffer würzen, den körnigen Senf mit der sauren Sahne, dem Zitronensaft und dem Zucker verrühren und die Masse unter das Gemüse geben. Vor dem Servieren mit Dill bestreuen.

TIPP: Ideal fürs Buffet, für Vegetarier, aber auch Fischliebhaber kommen auf ihre Kosten. Zu diesem Gemüse schmeckt nämlich ein auf der Haut gebratener Saibling exzellent. Man kann auch Lachswürfel oder anderes Fischfilet auf dem Gemüse garen lassen.

Apfel-Quark-Püfferchen

ZUTATEN

40 g Butter

60 g Zucker

2 Eier

500 g Magerquark

einige Tropfen Backaroma (Bittermandel- oder Zitronengeschmack)

½ TL Salz

250 g Mehl

3 TL Backpulver

2 Äpfel

Fett oder Rapsöl zum Ausbacken

Zimt, Zucker

Die Butter schaumig rühren und nach und nach Zucker, Eier, Quark, Backaroma, Salz und das mit Backpulver gemischte Mehl hinzugeben und zu einem Teig verrühren. Die Äpfel schälen, mit einem Apfelausstecher das Kerngehäuse im Ganzen entfernen und die Äpfel in Scheiben schneiden. In einer Pfanne das Fett (oder Rapsöl) erhitzen und aus dem Teig kleine, dünne Püfferchen formen. Die Apfelscheiben mittig auf jedes Püfferchen legen und mit Teig dünn bedecken. Von beiden Seiten knusprig braun backen, dabei die Hitze recht gering lassen, damit der Teig auch von innen gar wird. Auf Küchenkrepp die Püfferchen entfetten und noch heiß mit Zimt und Zucker bestreuen.

TIPP: Die Äpfel nicht in Ringen auflegen, sondern in Würfeln bereits dem Teig zugeben. Wer es mag, kann noch zusätzlich Korinthen, Rosinen oder getrocknete Cranberries unterrühren. Übrigens: Wenn der Apfel fürs morgendliche Müsli zu groß war, lassen sich Reste auf diese Weise wunderbar verwerten.

Nicht wegzudenken aus dem Leben der Kohlmanns ist dieses traditionelle Gericht. Die Zubereitung obliegt ausnahmsweise dem Hausherrn, der sich ansonsten vom Herd fernhält. Aber die Püfferchen backt er mit Engelsgeduld ab. Langsam müssen sie bräunen, damit die Teigmasse auch von innen gar wird. Ist man nach dem herbstlichen Garteneinsatz durchgefroren, wärmen sie Leib und Seele, sie sind Kaffeegedeck – zum Kaffee nach Pharisäer Art oder Kakao mit Amaretto – und Abendessen in einem. Mächtig, wie sie sind, kann man nämlich das Abendessen ruhig ausfallen lassen. Auch nach langen Winterspaziergängen, im Winterurlaub an der See oder beim Skilaufen ist keine Ferienhausküche vor Apfel-Quark-Püfferchen sicher. Die Zutaten sind ja immer vorrätig. Mit dem Duft aus der Pfanne zieht Wohlgefühl in die Stube ein. Es ist wie bei vielen Dingen im Leben: Einfaches, gut gemacht, ist oft besser als viel Chichi.

Aufgesetzter

Beschwipste Beeren aus Kohlmanns Garten – eine kleine Flasche davon über den Gartenzaun gereicht, und eine gute Nachbarschaft ist schnell besiegelt.

ZUTATEN

Pro 1-l-Flasche:

1/3 Früchte

1/3 weißer Kandis

1 Vanilleschote

Korn

Der Aufgesetzte kann aus schwarzen Johannisbeeren, Jostabeeren, Kirschen oder Brombeeren hergestellt werden. Man füllt die vorbereiteten Flaschen zu einem Drittel mit Früchten, einem Drittel Kandiszucker, gibt das Mark der Vanilleschote hinzu und füllt die Flasche mit Korn auf. Die Flaschen werden 2 Monate kühl und dunkel gelagert und zwischendurch geschüttelt. Ist der Zucker ganz aufgelöst, wird der Aufgesetzte abgeseiht und in neuen Flaschen abgefüllt.

TIPP: Ein echtes Gartentröpfchen, schmeckt gut am Ende einer Kaffeetafel, ein Schuss über die Stippmilch macht aus Bodenständigem eine verrückte Nummer.

Berliner Luft

Über 100 Jahre alt, aber so frisch, leicht und schaumig wie eh und je … Und dieses Dessert kann man wunderbar variieren.

ZUTATEN

400 g Beeren aus dem Garten

2 cl Orangenlikör

1 EL Puderzucker

1 ½ Blatt Gelatine

3 Eier

2 EL Weißwein

70 g Zucker

4 EL Zitronensaft

1 Prise Salz, Minze- oder Melisseblättchen

Die Beeren waschen und putzen. Eine Hälfte der Beeren beiseitestellen, davon 2 EL für die Garnitur übrig lassen. Die andere Hälfte mit dem Stabmixer zu einer Sauce pürieren. Diese mit den ganzen Beeren mischen und mit Orangenlikör und Puderzucker abschmecken. Die Gelatine in kaltem Wasser einweichen und die Eier trennen.
Den Wein mit 45 g Zucker, dem Zitronensaft und Eigelb in einem Topf unter ständigem Rühren aufkochen (gerne auch im Wasserbad). Die Gelatine ausgedrückt unter Rühren in der heißen Weinmischung auflösen. Das Eiweiß mit dem restlichen Zucker und etwas Salz zu einem luftigen Schnee aufschlagen. Etwas vom Eischnee abnehmen und unter die Wein-Zitronen-Masse rühren. Das restliche Eiweiß vorsichtig unterheben. Die Beeren in Gläser verteilen, mit der Creme bedecken, mit den restlichen Beeren und Minze- oder Melissenblättchen garnieren. Eventuell noch mit etwas Zitronenabrieb dekorieren.

TIPP: „Berliner Luft“ ist ein leichtes Sommerdessert, für das man alle Beeren des Sommergartens verwenden kann. Im Winter bereite ich diese Nachspeise mit Orangensaft zu und verwende als Früchte marinierte Zitrusfrüchte oder weihnachtlich gewürztes Zwetschgen- oder Kirschkompott. Gut gekühlt wird die „Berliner Luft“ noch luftiger.

Sommer im Garten: Es darf genascht werden. Beim Beerenpflücken ist das Tradition. Sie erhöht die Vorfreude auf die leckeren süßen Sachen mit blauen, grünen oder roten Beerenfrüchtchen.

Panna-Cotta-Beeren-Terrine

ZUTATEN

Für das Beerengelee:

750 g gemischte Beeren

4 Blatt weiße Gelatine

1 Orange

60 g Zucker

150 ml Weißwein

Zitronenmelisse
für die Deko

Für die Panna cotta:

6 Blatt weiße Gelatine

1 Vanilleschote

450 ml süße Sahne

40 g Zucker

Für das Beerengelee die Beeren putzen und gründlich waschen. Die Gelatine in kaltem Wasser einweichen, die Orange auspressen. Den Zucker in einem Topf karamellisieren und mit Weißwein und Orangensaft ablöschen. Die Hälfte der Beeren zugeben und das Ganze 10 Minuten köcheln lassen. Dann durch ein Sieb in einen anderen Topf gießen und die Beeren mit einem Löffel durch das Sieb ausdrücken. Den Saft auf 250 ml einkochen lassen, die ausgedrückte Gelatine im heißen Saft auflösen, die restlichen Beeren zum Saft geben (einige Beeren für die Dekoration beiseitestellen).

Eine Rehrücken- oder Kastenform mit Frischhaltefolie auslegen und die Beeren-Mischung einfüllen. Am besten über Nacht kalt stellen, damit es gut geliert.

Für die Panna cotta Gelatine in kaltem Wasser einweichen, das Mark zusammen mit der Vanilleschote in Sahne und Zucker aufkochen und 5–10 Minuten mild köcheln lassen. Die gekochte Vanillesahne durch ein feines Sieb in eine andere Schüssel gießen, die ausgedrückte Gelatine darin auflösen und die Masse lauwarm abkühlen lassen. Dann die Panna cotta vorsichtig auf das Beerengelee gießen und mindestens 5 Stunden kalt stellen.

Die Terrine auf eine Platte stürzen, die Folie entfernen, und in Scheiben schneiden. Mit Beeren und Zitronenmelisse servieren.

TIPP: Ich kombiniere dieses Dessert gerne zu einem sommerlichen Beerenterzett, indem ich eine Scheibe der Terrine, eine Kugel Beereneis und einen frischen Beerensalat auf einem großen Dessertteller anrichte.

Äpfel – das sind Gartenschätze mit Genussfaktor. Etwas aufwendiger, aber äußerst lecker ist dieses Dessert vom Apfel. So kann man sich drei Mal Süßes auf der Zunge zergehen lassen.

Dreierlei vom Apfel

ZUTATEN

Für die Crème brûlée:

- 400 g Sahne
- 140 ml Milch
- 85 g Zucker
- 1 Vanilleschote
- 4 Eigelb
- 3 EL brauner Zucker
- sehr feines Apfelmus

Für den Bratapfel:

- 6–8 kleine Äpfel
- Honig
- 3 EL gehackte Mandeln
- 2 EL Preiselbeer- oder Himbeermarmelade
- einige Rosinen
- Fett für die Förmchen

Für das Sorbet:

- Apfelmus von 2 Äpfeln
- 6 Kugeln Apfel- oder Zitroneneis

Am Vortag für die Crème brûlée Sahne, Milch, Zucker, das Mark der Vanilleschote und Eigelb verrühren. Diese Mischung über Nacht im Kühlschrank unter Zugabe der Vanilleschote stehen lassen, damit sich die Zutaten gut verbinden. Am nächsten Tag das Apfelmus durch ein Haarsieb streichen und unter die Masse rühren (die Vanilleschote vorher entfernen). Die Apfel-Eier-Sahne in 6–8 ofenfeste Förmchen gießen und in die Fettpfanne des auf 150 °C vorgeheizten Backofens stellen. In die Fettpfanne kochend heißes Wasser gießen, so dass die Förmchen zur Hälfte im Wasserbad stehen. Ca. 45 Minuten garen lassen, so dass die Creme nicht mehr flüssig ist. Die fertige Creme abkühlen lassen. In der Zwischenzeit die Äpfel entkernen, in kleine gebutterte ofenfeste Förmchen stellen und mit den angegebenen Zutaten füllen. Bei 180 °C ca. 20 Minuten bräunen.

Für das Sorbet das durch ein Haarsieb gedrückte Apfelmus mit dem fertigen Eis verrühren und noch einmal durchkühlen lassen. Die dreierlei Dessert-Sorten auf einer rechteckigen Platte nebeneinander drapieren. Die Creme mit braunem Zucker bestreuen und mit einem Bunsenbrenner abbrennen.

TIPP: Ich serviere dieses Dreierlei gern so: Die Creme in einer Espresso-Tasse, das Sorbet zur Kugel geformt in einem gläsernen Teelichthalter und den Bratapfel in einer kleinen Ragout-fin-Form. Dieses opulente Dessert sollte einem leichten Hauptgericht folgen.

Was keinem Kuchen aus dem Backofen gelingt: Dieser Pfannkuchen nimmt es mit jeder Torte auf. Als unsere Kinder klein waren, fuhren wir viele Sommer in eine Familienpension in den Chiemgau zur „Sommerfrische". Für unsere Kinder bedeutete das grenzenlose Freiheit, viel Platz für Abenteuer und heimelige Küche. Zum Repertoire des Küchenchefs gehörte natürlich auch „Kaiserschmarrn" mit Kompott. „Zum Reinlegen", wie die Kinder sagten. Diese süße Speise ist unser Leibgericht geworden und hat uns zu Hause über manche Kümmernisse des Alltags hinweggeholfen. Kaiserschmarrn ist Labsal für Körper und Seele. Auch unsere mittlerweile erwachsenen Kinder glauben an die heilsamen Kräfte dieses Rezepts. Damit habe ich unsere Tochter zum Abitur, durchs 1. und 2. Staatsexamen „gebracht." Man muss nur daran glauben: Ein mit Liebe zubereiteter Kaiserschmarrn mit Apfel-, Pflaumen- oder Kirschkompott, am Vorabend der Prüfung verzehrt, weckt ungeahnte Kräfte und lässt Prüfungsergebnisse in die Höhe schnellen.

Kaiserschmarrn

mit Obstkompott

ZUTATEN:

- 350 g Mehl
- 3 Eigelb
- 3/8 l Milch
- 1/8 l Sauerrahm oder saure Sahne
- Mark von 1 Vanilleschote
- 1 Prise Salz
- 3 Eiweiß
- 2–3 EL brauner Zucker
- etwas zerlassene Butter
- Sultaninen und Mandelblättchen (je nach Geschmack)
- Puderzucker zum Bestäuben

Aus Mehl, Eigelb, Milch, Sauerrahm, Vanillemark und Salz einen glatten Pfannkuchenteig rühren. Eiweiß steif schlagen und locker unterheben. Eine Pfanne mit Butter ausstreichen, den Teig 2 Finger dick einfüllen und bei mittlerer Hitze goldbraun backen. Evtl. die Mandeln und Sultaninen daraufgeben, den Pfannkuchen wenden und dann mit 2 Gabeln in der Pfanne in Stücke zerreißen, noch etwas Zucker und zerlassene Butter nachgeben. Unter Schwenken der Pfanne das Ganze goldig karamellisieren lassen und sofort heiß servieren. Mit Puderzucker bestäuben.

TIPP: Dazu passt sehr gut selbst gemachtes Kompott aus Apfelstückchen, Pflaumen, Kirschen oder Aprikosen. Im Winter kann man natürlich als herbe Variante zum Apfelkompott auch noch ein paar Preiselbeeren servieren.

Kirschkompott

Kirschen sind unsere Leidenschaft. Kein Wunder, denn in unserem Garten steht ein Prachtexemplar, ein Kirschbaum mit Charakter: Hoch gewachsen, voluminös, ausladend und absolut lecker. Ohne Kirschkuchen keine Gartensaison!

ZUTATEN

1 Bio-Zitrone

1 Orange

250 g Zucker

500 ml Kirschsaft (evtl. mit Rotwein ergänzt)

1 Vanilleschote

1 Zimtstange

3 Nelken

1 kg Kirschen (Süßkirschen oder Schattenmorellen)

evtl. etwas Kirschwasser

Die Zitrusfrüchte heiß waschen, trocken reiben und die Schale mit einem Zestenschäler abziehen oder abreiben. Die Orange auspressen und 50 ml Saft abmessen. Den Zucker in einem großen Topf bei mittlerer Hitze schmelzen lassen, mit Orangen- und Kirschsaft (und Rotwein) ablöschen. Das Vanillemark zusammen mit der Schote, die Zimtstange und die Nelken sowie eine halbe Zitrone dazugeben und die Flüssigkeit 2–3 Minuten köcheln lassen. Die vorbereiteten Kirschen in die Flüssigkeit geben (evtl. die Früchte vorher halbieren) und diese 5–10 Minuten leicht reduzieren lassen. Je nach Geschmack das Kirschwasser unterrühren, die Gewürze entfernen und evtl. mit Zucker nachwürzen. Das Kirschkompott abkühlen lassen und servieren.

TIPP: Das Kirschkompott schmeckt hervorragend zum Kaiserschmarrn, zu Topfenknödeln oder anderen Süßspeisen. In gleicher Weise kann man ein Kompott aus Zwetschgen oder Äpfeln zubereiten. Bei den Äpfeln nimmt man Weißwein oder Apfelsaft und gibt evtl. Rosinen dazu.

Kullerpfirsich

Der Kullerpfirsich: ein Getränk mit physikalischem Effekt, das es in sich hat, wenn es in einem großen bauchigen Glas serviert wird. Der Pfirsich kullert, weil Sekt, in dem unter hohem Druck Kohlenstoffdioxid verschlossen ist, leicht ausperlt. Diese Kohlenstoffdioxidbläschen sammeln sich vor allem an den Härchen und Fasern der samtigen Pfirsichhaut und sorgen für einen Auftrieb. Sammeln sich nun an einer Seite mehr Bläschen als auf der anderen, fängt der Pfirsich an, zu kullern und sich zu drehen. Da sich immer wieder neue Bläschen bilden, hält der Effekt an. Der „Party-Knaller“ aus den 60er Jahren in speziellen Kullerpfirsich-Gläsern ist bei uns auch heute noch ein Hit. Mit Käseigel, Schnittchenplatte und Kullerpfirsich ist die „Retro“-Garten-Mottoparty perfekt vorbereitet.

ZUTATEN

4 sehr reife Pfirsiche

1 Flasche trockener Sekt

Die Pfirsiche waschen und mit einer Gabel rundherum ca. 30-mal einstechen. In 4 große bauchige Gläser verteilen und mit gekühltem Sekt aufgießen. Es dauert eine Weile, bis sich die Früchte mit dem Sekt vollgesogen haben. Dann aber beginnen die Pfirsiche, sich im Glas zu drehen, sie „kullern“.

TIPP: Wenn die Pfirsiche kullern, kann man den Sekt mit fruchtigem Aroma trinken und anschließend die Pfirsiche auf einem Teller wie Bowlenfrüchte zerteilt genießen. Vielleicht hat man Glück und findet noch echte Kullerpfirsich-Gläser aus den 50er-Jahren auf dem Flohmarkt …

So aß man in den 60er Jahren: Obst mit Pudding obenauf. Meine Schwiegermutter bereitete an heißen Sommertagen diese Speise für ihre vier Söhne auf ganz bestimmten Tellern zu, die noch aus der Vorkriegszeit stammten. Sie waren nicht aus Porzellan, sondern aus Steingut und hatten stilisierte Beeren als Zierde. Diese Teller gab meine Schwiegermutter an mich weiter, und wenn unsere Beeren im Garten reif sind, haben die alten Teller ihren einmaligen Auftritt im Juni, wir essen nämlich wirklich NUR dieses Dessert davon. Ist die Beerenzeit vorbei, verfallen die Teller in einen Schlaf hinten im Schrank. Ich wüsste wirklich nicht, wozu sie sonst nützlich wären. Hätten wir sie nicht, würde jedoch ein Stück Mutterliebe im Haus fehlen. Sobald der Duft von Grießflammeri durchs Haus zieht, werden Kindheitserinnerungen wach. Eine kleine Portion reicht da oftmals nicht aus …

Oma Fines Grießflammeri

mit Johannisbeeren

ZUTATEN

500 g rote Johannisbeeren
2 EL Zucker
½ l Milch
100 g Zucker
¼ TL Bourbonvanille
100 g Grieß
6 Blatt weiße Gelatine
2 Eier
250 ml süße Sahne

Die Johannisbeeren waschen, putzen, auf 4–6 große Teller verteilen und mit Zucker bestreuen. Die Milch mit Zucker und Vanille aufkochen, den Grieß mit dem Schneebesen langsam einrühren. Für ca. 5 Minuten die Masse leise köcheln lassen und dabei beständig mit einem Holz- oder Gummilöffel rühren, bis der Grieß breiig wird. Den Grieß in einer Schlüssel auskühlen lassen.
Die Gelatine in kaltem Wasser einweichen und quellen lassen, die Eier trennen und das Eigelb unter den Grieß rühren. Die Gelatine ausdrücken, mit etwas warmer Grießmasse verrühren und in den Flammeri einarbeiten. Jetzt eine Schüssel ca. 15 Minuten in den Kühlschrank stellen, das Eiweiß steif schlagen. Nach der Kühlzeit zunächst die Sahne unter den Grieß rühren und dann den Eischnee unterheben. Den Flammeri auf den Johannisbeeren verteilen. Mit frischen Beeren dekoriert kühl servieren.

TIPP: Man kann den Grießflammeri mit etwas geriebener Orangenschale oder einem Orangenlikör verfeinern.

Pflaumen-Knödel

Auch wenn nur wenige Pflaumen an unserem Baum hängen: Einmal in der Saison müssen die Knödel auf dem Tisch stehen. Pflaume oder Zwetschge, der Unterschied ist klein, aber fein. Zwetschgen sind ovaler und an den Enden etwas spitzer, und der Stein lässt sich oft nur schwer entfernen. Die rundlichen Pflaumen sind etwas fleischiger. Wir schmecken den Unterschied schon, durch den jahrelangen Genusstest beim Pflücken.

ZUTATEN

Für den Quarkteig:

500 g Schichtkäse oder Quark

100 g Butter

200 g Mehl

100 g Weichweizengrieß

4 Eigelb

Salz

etwas abgeriebene Orangenschale

Für die Füllung:

500 g Pflaumen oder Zwetschgen

12 Würfelzucker

Für die Butterbrösel:

50 g Butter

100 g Semmelbrösel

1 EL Zucker

Die angegebenen Zutaten mit dem Knethaken zu einem Teig verarbeiten, falls der Teig zu weich ist, noch etwas Grieß oder Mehl hinzugeben. Den Teig zu einer Rolle formen und in Klarsichtfolie mindestens 2 Stunden kühlen lassen. Die Pflaumen bzw. Zwetschgen waschen, seitlich anschneiden und entkernen, nicht halbieren und mit einem Stück Würfelzucker füllen. Vom gekühlten Teig ca. 1,5 cm dicke Scheiben abschneiden, in der Hand zu einer Teigplatte ausformen, die ganze gefüllte Frucht in die Mitte setzen und vorsichtig mit dem Teig vollständig umschließen. Dies gelingt gut, wenn man die Hände vorher gründlich gemehlt hat. Die kleinen Knödel zwischen den bemehlten Händen „knödeln“ (was nichts anderes heißt als in Drehbewegung rollen). Die fertigen Knödel noch einmal kalt stellen. In einem großen Topf Salzwasser aufkochen, die Knödel einzeln vorsichtig hineinlegen und ca. 20 Minuten darin ziehen lassen. Das Wasser darf nicht mehr kochen. Die Knödel sind gar, wenn sie auf der Wasseroberfläche kullern, also oben schwimmen. Mit einem Schaumlöffel aus dem Wasser heben und in Butterbröseln wälzen. Dazu die Butter erhitzen, die Semmelbrösel leicht anrösten und den Zucker hinzugeben. Die fertigen Pflaumen- / Zwetschgen-Knödel auf einer Platte servieren.

TIPP: Man kann statt der Butterbrösel auch Mohnbrösel herstellen, indem man etwas mehr Fett nimmt und gestoßenen Mohn hinzugibt. Weitere Variationen: Dieser Teig schmeckt auch sehr gut mit Aprikosen, einer Apfel-Zimt-Zucker-Mischung oder mit einem Stück Nougatschokolade gefüllt. Dazu wird entweder eine Vanillesauce, eine selbst gemachte Fruchtsauce oder eine Kugel Eis serviert.

Quitten-Riesling-Gelee

Steinhart, aber lecker! Quitten riechen fantastisch, sind aber nach der Ernte doch ein bisschen sperrig. Trotzdem mag ich sie. Ein selbst gemachtes Quittengelee bringt an trüben Wintertagen den Gartenduft ins Haus. Es ist mehr als ein Brotaufstrich, der Vorrat für meine Ausprobierküche, zum Abschmecken von Saucen, Süßspeisen und Wildgerichten.

ZUTATEN

1 kg Quitten

1 l Wasser

¼ l Riesling

1 Bio-Zitrone

1 Paket Gelierzucker 2:1

Die Quitten waschen und samt Schale und Kerngehäuse in grobe Würfel schneiden. Das Quittenfruchtfleisch zusammen mit der in Scheiben geschnittenen Zitrone in 1 l Wasser eine knappe Stunde kochen. Die Masse durch ein feines Haarsieb gießen, etwas drücken und vom Saft 500 ml auffangen. Den Riesling zum Saft geben und mit dem Gelierzucker langsam zum Kochen bringen. Wenn der Zucker aufgelöst ist und die Masse sprudelt, weitere 3 Minuten kochen. Nach der Gelierprobe in vorbereitete Gläser füllen, 5 Minuten auf den Kopf stellen und kühl und dunkel lagern.

TIPP: Es dauert ein wenig, bis die Masse die richtige Konsistenz hat. Ich verwende das Gelee weniger als Brotaufstrich als vielmehr zum Verfeinern von Saucen und besonders bei der Zubereitung von Nussecken und meinen Streuselplätzchen.

Weihnachts-
konfitüre
2013

Auch wenn im Spätsommer sonst keiner an Plätzchenduft, Tannenbaum und Kerzenschein denkt – ich schon! Denn was wären ein Adventsfrühstück und ein Weihnachtsessen ohne meine Marmeladen-Spezialität? Sie ist streng genommen eine Konfitüre, aber wir bleiben beim altmodischen Begriff, weil jeder weiß, was auf den Löffel kommt – unsere Küchentradition. Um diese Marmelade herzustellen, brauche ich Zeit für Gewürzkreationen, zum Rühren und Kochen, Muße zum Abschmecken. Das läuft dann auch so nebenbei, neben der normalen Küchenarbeit. Beim Abfüllen in die Gläser, wenn der Duft in die Nase zieht, weiß ich, wie Weihnachten dieses Jahr schmecken wird. Mittlerweile koche ich auch schon mal ein paar Gläser mehr, denn Marmelade statt Blumen ist als Mitbringsel durchaus erwünscht.

Weihnachtsmarmelade

ZUTATEN

100 g Sultaninen
3 cl Rum
500 g Kirschen
500 g Zwetschgen
4 Orangen
2 Sternanis
8 Nelken
1 Zimtstange
750 g Gelierzucker 2:1
1 Vanilleschote

Die Weihnachtsmarmelade bereite ich in 2 Etappen zu: Am ersten Tag weiche ich die Sultaninen in Rum ein und lasse sie über Nacht darin ziehen. Die Kirschen und die Zwetschgen übergieße ich mit dem Saft einer Orange und aromatisiere sie mit der Schale von 2 weiteren Orangen. Die 3 ganzen Früchte schäle ich, nachdem ich die Haut abgerieben habe, mit einem scharfen Messer, so dass die weiße Haut völlig entfernt ist. Die Früchte dann in Filets zerteilen und diese ohne Kerne zur Obstmasse geben. Die Gewürze hänge ich in einem Filter oder Teesieb in den Topf und rühre den Gelierzucker unter. Die Vanilleschote wird ausgekratzt und das Mark samt Schote zur Obstmasse gegeben. Die Obst-Zucker-Mischung lasse ich über Nacht ruhen und Saft ziehen. Am nächsten Tag gebe ich die Rum-Sultaninen in den Topf und bringe die Obst-Zucker-Mischung langsam zum Kochen. Nach 3 Minuten entferne ich die Gewürze und püriere die Marmelade mit dem Stabmixer. Die heiße Masse wird noch eine gute Minute gekocht und dann in vorbereitete Gläser gefüllt, sofort 5 Minuten auf den Kopf gestellt und dann kühl gelagert.

TIPP: Wer die Weihnachtsmarmelade noch etwas würziger haben möchte, gibt noch gemörserten Kardamom und Macisblüte dazu. Diese Marmelade essen wir vom ersten Advent bis zum Ende der Weihnachtszeit. Man kann in ähnlicher Art auch eine Aprikosen-Weihnachtsmarmelade herstellen, dazu ersetze ich die Sultaninen durch Mandelblättchen.

Pumpernickel ist ein echter westfälischer Klassiker in der viereckigen Form, der über viele Stunden im Ofen gebacken wird und so seine ganz besondere Farbe und Form erlangt. Für die Westfälische Schichtspeise eignen sich auch Bröselreste im Brotkasten, denn Pumpernickelscheiben zerbrechen leicht, weil sie fest zusammen verpackt werden. Kein Problem, einfach sammeln und zubereiten.
Ein einfacher Nachtisch, der aber – in Gläsern serviert – sehr verführerisch daherkommt. Am besten schmeckt er, wenn er eine Stunde vor dem Servieren zubereitet wird. So zieht er gut durch und bekommt ein unschlagbares Aroma.

Westfälische Schichtspeise

ZUTATEN

100 g Pumpernickel

ca. 400 g frische Süß- oder Sauerkirschen

2 EL Zucker

1 Zimtstange

1 TL Speisestärke

500 g Schichtkäse

100 ml Milch

3 EL Zucker

1 Pck. Vanillezucker

50 g geraspelte Schokolade

Pumpernickel zerbröseln und die Brösel in einer Pfanne ca. 5 Minuten bei mittlerer Hitze möglichst ohne Fett anrösten. Die gewaschenen und entkernten Kirschen in etwas Wasser mit Zucker und Zimtstange kurz aufkochen, eventuell mit angerührter Speisestärke binden und abkühlen lassen. Den Schichtkäse mit Milch, Zucker und Vanillezucker glatt rühren. Die Pumpernickelbrösel mit der Raspelschokolade mischen. Zwei Drittel davon auf 4 Dessertschälchen verteilen. Jeweils 2 EL Saft von den Sauerkirschen und – wer es alkoholisch mag – nach Belieben Rum oder Kirschwasser darübergeben. Jetzt die Kirschen darauf platzieren, den Schichtkäse löffelweise einfüllen und mit den restlichen Bröseln abschließen.

TIPP: Je nach Jahreszeit werden jeweils 2 verschiedene Fruchtsorten mit Quarkspeise und Pumpernickel geschichtet.

Meine Favoriten

Im Frühling: Erdbeeren und Rhabarber.

Im Sommer: Rote und schwarze Johannisbeeren oder Johannisbeeren und Himbeeren.

Im Herbst: Äpfel und Kirschen.

Im Winter: Pflaumen und Quitten.

Dieser Kuchen entstand bei den Dreharbeiten einer Fernseh-Backshow. Eigentlich wollte ich meine Torte nur mit Sahnetupfern und Beeren verzieren. Aber in der 2. Runde war die Kandidatin, die ausscheiden musste, so enttäuscht und hat geweint. Sie tat mir leid. Aber so ist es eben: Mal Gewinner, mal Verlierer, Freud und Leid, Erfolg und Niederlage liegen dicht beieinander. So kreierte ich nachts vor der nächsten Sendung die Deko mit Yin und Yang: Die Zutaten geben die Lebensweisheit wieder. Mal schenkt uns das Leben süße Früchte, kühlt uns mit frischem Joghurt, und dann gibt es Saures, die saure Zitrone. Das hat die Jury überzeugt und machte mich zur Tagessiegerin in der Kategorie „leicht und fruchtig". Glück gehabt!

Blaubeer-Joghurt-Torte

ZUTATEN

Für den Teig:

150 g Mehl

½ TL Backpulver

65 g Zucker

1 Pck. Vanillezucker

1 kleines Ei

65 g Margarine

Für den Belag:

500–700 g frische Blaubeeren

2–3 EL gehobelte Mandeln

250 g Schlagsahne

500 g Naturjoghurt

4 unbehandelte Zitronen

1–2 Beutel Gelatine

ca. 250 g Blaubeermarmelade

1 Pck. heller Tortenguss

Aus den Zutaten einen Mürbeteig herstellen und kalt stellen. Anschließend bei 200 °C 15–20 Minuten backen. In der Zwischenzeit die Blaubeeren waschen und verlesen. Die gehobelten Mandeln in einer Pfanne ohne Fett bräunen und auskühlen lassen. Die Sahne steif schlagen und vorsichtig unter den Joghurt heben. Die Zitronen auspressen und den Saft (Menge nach Geschmack und Ergiebigkeit der Zitronen) unterrühren und die aufgelöste Gelatine einarbeiten. Den fertigen Boden noch heiß mit Blaubeermarmelade bestreichen und mit Blaubeeren und Tortenguss belegen. Die Torte mit einem Ring umgeben, die Joghurtmasse auf die Früchte geben, die Torte kalt stellen. Ist die Masse fest geworden, kann der Kuchen dekoriert werden. Zur Dekoration verwende ich entweder frische Blaubeeren, in Eiweiß und Zucker gewälzt, oder kandierte Zitronenstückchen.

TIPP: Dieser Kuchen besticht durch seine fruchtige Frische, die Leichtigkeit der Joghurtmasse und die zitronige Note. Statt Blaubeeren können auch frische Himbeeren verwendet werden.

Die alternative Mal-Kuchen-Deko:

Ich bemale die Torte z. B. als Lebensweisheiten-Torte: Die restliche Blaubeermarmelade wird mit einem Löffel durch ein feines Sieb gedrückt, die entstehende feine Fruchtmasse kann als Malfarbe genutzt werden. In die Mitte der Torte wird ein auf das geringste Maß verkleinerter Tortenring gestellt. Außen am Ring lege ich vorsichtig die gebräunten Mandeln kreisförmig an. In die Kreismitte male ich mit der Marmeladenfarbe und dem Backpinsel das Yin-und-Yang-Zeichen.

Doppelt schmeckt besser. Deshalb liegen bei uns auch schon mal zwei neben der Kaffeetasse. Das Geschmacksgeheimnis: Cantuccini, das traditionelle Mandelgebäck aus der italienischen Provinz Prato nahe Florenz, werden wie Zwieback doppelt gebacken, so bleiben sie mürbe und damit haltbar. Diese Kekse gehören zum „Grundvorrat" in unserem Haushalt, am liebsten natürlich aus eigener Produktion. Ganz wichtig sind sie für den ersten Cappuccino im Strandkorb, meistens an einem sonnigen Februartag. Die Schutzhülle des Strandkorbes wird an den Reißverschlüssen gelüftet, und dann folgt purer Genuss: Zum ersten Mal im Garten sitzen, mit Winterjacke und Cappuccino mit Cantuccini, dann beginnt fast das Gartenjahr (zumindest gefühlt). Der erste Cappuccino im Garten weckt die Lebensgeister. Wir spüren es wieder, die kleinen Glückgefühle in unserem Garten, der uns in unserem manchmal umtriebigen Leben einen vertrauten Rahmen gibt und uns erdet. Zusammen den Garten planen, im Garten werkeln, ohne dass man sich in die Quere kommt, und trotzdem an der gleichen Sache arbeiten, den Garten genießen, das verbindet einfach – mit und ohne Worte.

Cantuccini *… wecken die Lebensgeister*

ZUTATEN

- 250 g Mehl
- 180 g Zucker
- 1 TL Backpulver
- 2 Pck. Vanillezucker
- ½ Fläschchen Bittermandelaroma
- 1 Prise Salz
- 75 g zimmerwarme Butter
- 2 Eier
- 175 g ganze Mandeln

Mehl, Zucker, Backpulver, Vanillezucker, Bittermandelaroma und Salz in eine Schüssel geben und aufhäufeln. In die Mitte eine Vertiefung eindrücken, Butter und Eier hineingeben. Alle Zutaten mit dem Knethaken zu einem Teig verarbeiten, die Mandeln mit der Hand unterkneten. Den Teig zu einer Kugel formen und eine Stunde kalt stellen. Anschließend den Backofen auf 200 °C vorheizen, den Teig in 6 Portionen schneiden, aus jeder eine ca. 25 cm lange Rolle formen. Die Rollen mit Abstand auf einem mit Backpapier ausgelegten Backblech auslegen. Im vorgeheizten Backofen 10–15 Minuten vorbacken, kalt werden lassen und dann schräg in ca. 1 cm dicke Scheiben schneiden. Die Scheiben mit der Schnittfläche erneut auf das Backblech legen und noch einmal ca. 10 Minuten rösten, bis sie goldbraun sind. Ausgekühlt in einer verschlossenen Dose aufbewahren.

TIPP: Dieses toskanische Mandelgebäck wird in Italien in Vin Santo (ein Likörwein) getaucht und zu Cappuccino oder Espresso genossen. Ich tunke es gerne in Espresso. Man kann statt der Mandeln auch andere Nüsse oder Kerne und auch klein gehackte Schokolade nehmen.

Typisch österreichisch – schmeckt aber auch Westfalen. Ganz einfach ist ein Strudelteig nicht, denn der Teig muss intensiv mechanisch bearbeitet und ziemlich dünn ausgerollt oder ausgezogen werden, wie die Österreicher sagen. Das Schöne daran, ich fülle ihn ganz unterschiedlich, eine Abwechslung zu Hefe und Mürbeteig.

Feiner Herbststrudel

ZUTATEN

Für den Strudelteig:

250 g Mehl

2–3 EL Rapsöl

2 Eigelb

1 Prise Salz

1/8 l lauwarmes Wasser

Für die Füllung:

2 Birnen

2 Äpfel

500 g Zwetschgen

60 g weiche Butter

100 g gemahlene Haselnüsse

Zimtzucker

Puderzucker

Mehl, Öl, Eigelb und eine Prise Salz zunächst mit dem Knethaken vermischen, dann nach und nach das Wasser dazugeben. Auf diese Weise einen Strudelteig erstellen und diesen dann auf einer bemehlten Arbeitsfläche mit den Händen durchkneten. Aus dem Teig eine Kugel formen, mit etwas Öl bestreichen und unter einer heiß ausgespülten Schüssel mindestens 30 Minuten ruhen lassen. Währenddessen das Obst waschen, entkernen und in kleine Stücke schneiden. Den Strudelteig auf einem bemehlten Küchentuch etwas 3 mm dick ausrollen, über den Handrücken evtl. auseinanderziehen. Mit der Hälfte der fast flüssigen Butter bestreichen und mit den gemahlenen Haselnüssen und der Hälfte des Zimtzuckers bestreuen. Das Obst mit dem restlichen Zimtzucker mischen und auf dem Teig so verteilen, dass ein etwa 5 cm breiter Rand frei bleibt. Die Teigplatte durch Anheben des Tuches an der Längsseite vorsichtig aufrollen, dabei die Ränder einschlagen. Den Strudel mit der Nahtstelle nach unten auf ein mit Backpapier ausgelegtes Backblech legen. Mit der restlichen weichen Butter bestreichen und im auf 200 °C vorgeheizten Backofen ca. 30 Minuten hellbraun backen. Noch warm mit Puderzucker bestäuben.

TIPP: Der Herbststrudel an sich ist schon sehr schmackhaft, wir essen ihn gern mit geschlagener Sahne. Man kann dazu auch eine Kugel Haselnusseis oder eine leichte Vanillesauce reichen.

Herzhafter Lauchstrudel

ZUTATEN

Für den Strudelteig:

1 Paket fertiger türkischer Filou-Teig

200 g saure Sahne

Für die Füllung:

200 g gekochter Schinken mit kleinem Fettrand

2 EL Butter

1 EL Mehl

150 ml Milch

1 Stückchen Zitronenschale

1 Lorbeerblatt

Salz, Pfeffer, Muskat

500 g geputzter Lauch

1 rote Chilischote

etwas flüssige Butter zum Einpinseln

150 g Mozzarella

Den gekochten Schinken fein würfeln und in der ausgelassenen Butter andünsten. Mit dem Mehl anrösten, aber nicht braun werden lassen, die Milch angießen und zügig verrühren. Alles zusammen dicklich einkochen und die Gewürze unterheben.
Den geputzten Lauch in sehr feine Ringe schneiden, zusammen mit fein gewiegtem Chili in die Sauce geben, untermengen und den Deckel auflegen. Nach 10 Minuten ist der Lauch zusammengefallen, und es entsteht eine etwas dickliche Gemüsesauce. Die Zitronenschale entfernen und noch einmal mit Salz, Pfeffer und Muskat nachwürzen.
Den Filou-Teig auf einem Küchentuch ausbreiten und mit Butter bestreichen. Eventuell 2 dünne Teigblätter übereinanderlegen. Die Füllung an der Längsseite verteilen und mit gewürfeltem Mozzarella bestreuen. Das Küchentuch anheben und den Teig aufrollen, dabei seitlich einschlagen. Die fertige Rolle auf ein mit Backpapier ausgelegtes Backblech heben, so dass sich die Naht auf der unteren Seite befindet. Die Oberfläche dick mit saurer Sahne bestreichen. Im vorgeheizten Ofen bei 200 °C ca. 25 Minuten backen und zwischendurch immer wieder mit saurer Sahne oder austretendem Sud bestreichen, bis der Strudel gebräunt ist. In Scheiben geschnitten auf Tellern servieren.

TIPP: Ich verwende für diesen Strudel auch eine Spinat-Feta-Füllung, bei der ich statt der Chilischoten getrocknete Tomaten verwende und den gekochten Schinken durch gewürfelte Zwiebeln ersetze.

Zwanzig Jahre lang habe ich mit diesem Kuchen versucht, meine Schüler zur Sorgfalt zu erziehen. Manchmal hat es geklappt. Aber die Erinnerung bleibt: „Wir hatten da eine Lehrerin, die hat uns Kuchen gebacken, wenn am Tag nach der Rückgabe der Klassenarbeit ALLE ALLES zur Berichtigung hatten." Hört sich ja penibel an, hat aber gewirkt. Natürlich habe ich ihn oft gebacken, im Herbst mit Äpfeln aus dem Garten und im Winter mit eingefrorenen Kirschen unseres allmächtigen Kirschbaums. Und manchmal passierte es, dass eine Schülerin als Einzige etwas vergaß und sie dann sagte: „Dafür backe ich dann für morgen Kuchen." Lerneffekte mit guter Atmosphäre.

„Immer alles fertig"-Kuchen

ZUTATEN

- 300 g Butter oder Margarine
- 300 g Zucker
- 1 Pck. Vanillezucker
- 6 Eier
- 1 Prise Salz
- 300 g Rohmarzipan
- 1 Pck. Backpulver
- 500 g Mehl
- ca. 500–700 g entsteinte Kirschen
- Butter für die Form
- gemahlene Mandeln oder Nüsse

Die Butter mit Zucker und Vanillezucker schaumig rühren, die Eier und eine Prise Salz zugeben und das Ganze zu einer luftigen Masse aufschlagen. Das Rohmarzipan grob raspeln oder in kleine Würfel schneiden und zugeben, das Backpulver mit dem Mehl vermischen und unter die Ei-Marzipan-Masse heben. Die frischen Kirschen vorsichtig unterheben. Eine große Rodonkuchenform ausfetten und mit gemahlenen Mandeln oder Nüssen ausstreuen. Den Teig in die vorbereitete Form füllen, glatt streichen und im vorgeheizten Backofen bei 180 °C ca. 60 Minuten backen, eventuell später mit Alufolie abdecken, damit er nicht zu dunkel wird. Nach dem Backen den Kuchen auf einen Gitterrost gestürzt auskühlen lassen.

TIPP: Je nach Geschmack das Marzipan durch 80 g Schokolade oder gefüllte Kirsch-Schokolade ersetzen. Wenn Kinder am Tisch sind, bestreue ich den Kuchen mit Puderzucker, ansonsten rühre ich aus 125 g Puderzucker und 2 EL Rum eine Glasur an. Soll der Kuchen besonders festlich sein, dekoriere ich ihn zwischen den Rippen mit Kirschen und Schokoblättchen. Man kann statt der Kirschen auch gedünstete Apfelstücke mit Rosinen und Mandelstiften unter den Teig heben. Im Winter bereite ich den Kuchen auch aus eingefrorenen und dann aufgetauten Kirschen zu, und manchmal im Advent gibt es eine warme Kirschsauce dazu, abgeschmeckt mit weihnachtlichen Gewürzen.

Spätestens wenn die dritte Kerze auf dem Adventskranz brennt, denke ich über das Weihnachtsessen nach. Es gibt die Klassiker, die gehören bei uns einfach dazu, wie der Linzer Weihnachts-Apfelkuchen. Das Grundrezept ist die klassische Linzer Torte, die für meinen Geschmack ein bisschen trocken ist. Aber kulinarische „Randgebiete" interessieren mich, und meine Variante lässt sich gut ein paar Tage aufbewahren.

Linzer Weihnachts-Apfelkuchen

ZUTATEN

Für den Teig:

100 g gemahlene Haselnüsse

220 g Butter

120 g brauner Zucker

1 Ei

300 g Mehl

1 TL gemahlener Zimt

1 Prise Salz

Für die Füllung:

4–5 säuerliche Äpfel, z. B. Boskop

250 g brauner Zucker

Saft von 1 Zitrone

ca. ¼ l Wein oder Apfelsaft

1 gestr. TL gemahlene Nelken

½ TL Zimt, ½ TL Macisblüte

1 Hand voll getrocknete Berberitzen (ersatzweise Cranberries)

Für die Fertigstellung:

gemahlene Mandeln für die Form

3 EL Quitten- oder Apfelgelee

2–3 EL Puderzucker

Für den Mürbeteig die Haselnüsse ohne Fett in einer Pfanne goldbraun anrösten und abkühlen lassen. Die Butter würfeln. Butter, Zucker, Salz und Ei mit dem Knethaken des Handrührers verkneten, das Mehl und die Haselnüsse sowie die Gewürze rasch mit den Händen unter die Teigmasse kneten. Den Teig in eine Folie gewickelt 1 Stunde kalt stellen. Für die Füllung die Äpfel schälen, vierteln, entkernen und mit Zucker in der Flüssigkeit garen, so dass die Apfelstückchen noch nicht ganz verkocht sind. Die Gewürze zugeben. Die Konsistenz der Fruchtmasse sollte recht fest sein. 2/3 des Teigs ca. ½ cm dick in einer gefetteten und mit Mandeln ausgestreuten Tarteform ausrollen und den Rand hochziehen. Den Teig mit dem Quitten- oder Apfelgelee bestreichen. Die Füllung auf dem Teig verteilen und aus dem restlichen Teig mit Plätzchenformen Tannenbäume und einen Stern ausstechen. Die Tannenbäume am Rand des Kuchens kreisförmig mit der Spitze zur Mitte drapieren und den Stern in die Mitte legen. Im vorgeheizten Ofen bei 180 °C gut 45 Minuten backen. Die Torte vollständig auskühlen lassen und vor dem Servieren mit Puderzucker bestäuben.

TIPP: Der Kuchen kann eine Woche vor dem Verzehr zubereitet werden und schmeckt auch mit einer Füllung aus weihnachtlich gewürzten Kirschen oder Pflaumen.

Geplant, gepflegt und bestens gehütet: Aber Garten ist eben Natur und damit unberechenbar. Deshalb ernte ich nicht immer das, was eigentlich geplant war. Mein Garten ist immer für eine Überraschung gut. Es wird gesät, umgepflanzt, geschnitten, Gartenkataloge werden gewälzt, neue Knollen und Samen bestellt: Eben nicht nur Schwertlinien, sondern schon eine ganz tiefblaue Farbe, mit kräftigen Blüten. Manchmal spielt auch das Wetter verrückt, alles erfriert im Frühjahr oder versinkt im Regen – unser Garten-Schicksal, es ist aber auch gut so. So probiere ich viel Neues aus, was essbar ist, und schließlich muss der Liegestuhl auch ein nettes Plätzchen haben. Der Wochenmarkt, die Hofläden, Biogeschäfte und in der Saison besonders die „Mobilen Lädchen an der Ecke", die Spargel und Erdbeeren frisch vom Acker anbieten, sind für mich Geschmacksfundgruben. Dann kann ich kombinieren: Selbst Geerntetes und mit Liebe Gekauftes.

Mangold-Quiche

ZUTATEN

Für den Teig:

200 g Mehl

1 Ei

100 g Butter

Salz

2 EL Wasser

Für die Füllung:

6–8 Stiele roter Mangold mit Blättern

1 rote Zwiebel

1 Knoblauchzehe

1 TL Butter

Für den Guss:

3 Eier

1 Becher Naturjoghurt

2 EL Quark (Magerstufe)

Salz, Pfeffer

Muskat nach Geschmack

evtl. 250 g geriebener Bergkäse

Aus den Teigzutaten einen Mürbeteig erstellen und eine Stunde kühl stellen. Anschließend in einer gefetteten Quicheform ausrollen – es klappt auch mit einer Springform. Den Boden 10 Minuten bei 200 °C „blindbacken", am besten mit Erbsen beschweren.

In der Zwischenzeit die Mangoldstiele in kleine, feine Stücke schneiden und waschen. Die Hälfte der gewürfelten Zwiebel andünsten, die Mangoldstiele zugeben und darin anschwitzen, ca. 8 Minuten garen. In einem zweiten Topf die Knoblauchzehe mit den restlichen Zwiebelwürfeln andünsten, die Mangoldblätter gründlich waschen, in feine Streifen schneiden und zur Zwiebel-Knoblauch-Mischung geben. Mit Salz, Pfeffer und Muskat würzen. Wenn nach dem Garprozess noch zu viel Flüssigkeit vorhanden ist, in einem Durchschlag abgießen. Die gedünsteten Mangoldstiele auf dem blindgebackenen Teig verteilen und die gedünsteten Mangoldblätter obenauf am Rand dekorieren. Die Zutaten für den Guss verrühren und die Masse auf der Füllung verteilen. Nach Bedarf noch etwas geriebenen Bergkäse über den Guss reiben (gibt eine schöne Färbung). Bei 150 °C 40 Minuten im Ofen backen.

TIPP: Die Mangold-Quiche kann durch andere, im Geschmack mildere Käsesorten verfeinert werden. Ebenso kann man statt Mangold angedünsteten Blattspinat oder angedünsteten Lauch verwenden. Dann ist es eben eine Spinat- oder Lauch-Quiche. Wer möchte, kann auch gewürfelten rohen Schinken oder Bacon zugeben, dann sollte das Gemüse jedoch sparsam gesalzen werden.

Egal, wann, wie und wo: Streuselkuchen geht immer und vor allem auch auf Vorrat. Wenn ich weiß, welche Gartenhelfer zu Besuch kommen, backe ich schnell noch ein Blech. Zugreifen, reinbeißen, genießen. Meine Kinder, auch wenn sie schon erwachsen sind, mögen den schnellen süßen Garten-Imbiss. Dass Backen meine Leidenschaft ist, kann und will ich nicht verhehlen. Immer wieder Neues ausprobieren, das macht für mich das Backen interessant. Mein Mann quält sich nicht mit dem Verzehr der süßen Produkte, wenn ich ihn jedoch frage: „Was soll ich backen?“, gibt es nur eine Antwort: „Mach doch einfach Obstkuchen mit Streuseln.“ Gut, dass im Garten genügend Streuselkuchenobst reift. Aber meistens frage ich lieber nicht.

Obstkuchen vom Blech

mit Mandelstreuseln

ZUTATEN

Für den Streuselteig:

500 g Mehl

250 g Butter

250 g Zucker

½ Tütchen Backpulver

1 Prise Salz

200 g gehackte Mandeln

Für den Belag:

1,5 kg Pflaumen oder
1,5 kg Kirschen

Alternative:

10 gedünstete Äpfel
oder 10 gedünstete Birnen

Das Mehl mit der Butter, dem Zucker, dem Backpulver und etwas Salz zu einem streuseligen Teig verarbeiten. Ein Backblech mit Backpapier auslegen und 2/3 der Teigkrümel dicht an dicht auf dem Blech verteilen. Das vorbereitete geschnittene Obst auf den Teig legen. Die gehackten Mandeln mit den Händen unter den restlichen Teig geben und fein krümelig das Obst damit bedecken. Im vorgeheizten Ofen bei 180 °C ca. 50–60 Minuten backen.

TIPP: Den warmen Streuselkuchen serviere ich im Sommer mit etwas Vanilleeis und im Winter mit Zimtzucker bestreut und mit geschlagener Sahne.

Der „Zwei in Einem"-Kuchen" – mein Spezialrezept für Obstböden. Einfach Mürbe- und Hefeteig mischen. Ich bereite in der Regel die doppelte Menge zu und friere die Hälfte ein, so dass ich immer zur Zeit der Obsternte einen fertigen Kuchenteig parat habe. Dieser Obstkuchenteig schmeckt auch mit Pflaumen oder Äpfeln, hier aber ein Rezept für einen besonderen Pflaumenkuchen.

Reineclaude-Blechkuchen

ZUTATEN

Für den Mürbeteig:

200 g Mehl
65 g Butter
65 g Zucker
1 Ei

Für den Hefeteig:

250 g Mehl
20 g Hefe
30 g Zucker
1/8 l lauwarme Milch
1 Prise Salz
30 g Butter

Für den Belag:

1 kg frische Reineclauden oder Mirabellen
Zucker, Puderzucker oder Zimtzucker
Mandelblättchen

Aus den Zutaten einen Mürbeteig zubereiten und kalt stellen. Für den Hefeteig das Mehl in eine Schüssel geben, in der Mitte die frische Hefe zerbröseln und mit Zucker und Milch einen Vorteig erstellen, 10 Minuten gehen lassen, bis er Blasen wirft. Salz und Butter zugeben und mit dem Knethaken so lange kneten, bis sich der Teig zu einer Kugel formt. Dann den Hefeteig zugedeckt ca. 30 Minuten gehen lassen, bis sich die Teigmenge verdoppelt hat. Noch einmal kurz durchkneten. Den Mürbeteig mit dem Hefeteig zu einer Masse kräftig verkneten. Diesen Teig in einer großen gefetteten Springform oder auf einem Backblech ausrollen. Die Reineclauden waschen, halbieren, entsteinen und dicht an dicht auf den Teig legen. Mit Zucker und evtl. Mandelblättchen bestreuen. Bei 200 °C ca. 30–40 Minuten backen. Mit Puderzucker oder Zimtzucker bestreut servieren.

KÜCHENINFO: Reineclauden oder Renekloden sind Edel-Pflaumen, wie der Gartenfachmann sie bezeichnet. Mit Stein natürlich, aber eben mal was anderes. Sie schmecken ein bisschen wie Mirabellen und Pflaumen. Die meist kugeligen Früchte sind gelbgrün. Das Fruchtfleisch ist ziemlich süß. Sie wurden früher gern zu Kompott verarbeitet.

Es ist März, die ersten Sonnenstrahlen wärmen den Boden. Beim täglichen Gang zur Komposttonne, ganz hinten am Gartenende unter dem Haselnussbaum versteckt, trifft mein Blick auf das Stammrosenbeet neben dem alten Stallgebäude. Hier müssten sie eigentlich bald sprießen, die Winterlinge, die ersten Frühjahrsboten. Immer wieder schaue ich hin, als wolle mein prüfender Blick die Frühjahrsblüher förmlich aus dem Beet ziehen. Die Blicke werden immer ungeduldiger. Da, plötzlich – eines Morgens –, ich traue meinen Augen kaum, sehe ich die Winterlinge. Sie strecken ihre grellgelben Köpfchen aus dem Grün. Nun ist der Frühling nicht mehr aufzuhalten, denn auch unsere Rhabarberstauden schieben ihre zarten Stängel der Sonne entgegen. Wenig später schließen sich die Schneeglöckchen mit ihren kleinen, aber stolzen weißen Blütenkelchen. Endlich, die ersten Schneeglöckchen und Märzbecher abpflücken und ins warme Haus holen – ein Ritual und für uns immer wieder ein kleines Wunder. Eine Wohltat für die Winterseele. Unsere Schneeglöckchen haben sogar eine eigene Vase, nur wenige Zentimeter hoch, selbst getöpfert, bauchig und mit schmalem Hals, in geschecktem Frühlingsgrün glasiert. Alle Hausbewohner registrieren die Neuzugänge auf dem Wohnzimmertisch, auch wenn diese nur schüchtern zehn Zentimeter aus der Vase schauen. Und dann warten alle auf den Rhabarberkuchen. Eine Tasse Tee und ein Stück Kuchen, und endlich ist es so weit: Der Postbote bringt den neuen Katalog meiner Sommerblumenzüchterin. Eine über 20 Jahre alte Gewohnheit und das Planungsritual an den ersten Frühlingstagen. Die Ohren auf Durchzug gestellt, abtauchen zwischen die Katalogseiten, in die Mohn- und Wickenflut, in ein Meer aus vielfarbiger Kapuzinerkresse in unterschiedlichen Längen, Cosmeen in immer anderen Farben und Formen. Dabei darf mich keiner stören. In meiner Fantasie erblüht der Garten schon jetzt. Ich sitze, noch in eine warme Winterjacke gehüllt, in der Sonne auf der Bank unterm Rosenbusch. Und fast jeden Tag habe ich Glück, wenn auch manchmal nur ein Wildkräuterblatt sprießt. Unschlüssig, ob Unkraut oder Staudenblume, zupfe ich es erst einmal nicht aus und freue mich im April auf den ersten Rhabarber.

Rhabarberkuchen

mit Amarettinistreuseln

ZUTATEN

Für den Teig:

250 g Margarine

200 g brauner Zucker

1 Prise Salz

1 Bio-Zitrone

4 Eier

250 g Mehl

1 TL Backpulver
(evtl. 1 EL Rum)

Für den Belag:

1 kg Rhabarber

5–6 EL brauner Zucker

100 g Amarettini
(italienische
Mandelkekse)

Margarine, Zucker und Salz cremig rühren, bis der Zucker aufgelöst ist. Die Bio-Zitrone heiß abwaschen, trocknen und die Schale fein abreiben. Die Eier einzeln unterrühren. Mehl, Backpulver und abgeriebene Zitronenschale unterrühren (evtl. einen Schuss Rum zufügen). Ein Backblech mit Backpapier auslegen und den Teig gleichmäßig darauf streichen. Die Rhabarberstangen putzen, waschen und in etwa 2 cm lange Stücke schneiden. Auf dem Teig verteilen und mit der Hälfte des Zuckers bestreuen. Im vorgeheizten Backofen bei 180 °C ca. 40 Minuten backen. Den heißen Kuchen mit den grob zerbröselten Amarettini und dem restlichen Zucker bestreuen.

TIPP: Dieser Kuchen ist einfach ideal für Garten- und Backanfänger. Er hält sich 2–3 Tage saftig und kann auch gut eingefroren werden. Dazu schmeckt Schlagsahne natürlich wunderbar.

Diese Brötchen heißen bei uns „Kommunionbrötchen". Mein Mann hat bei beiden Kindern die Vorbereitung zur Erstkommunion durchgeführt, und dabei wurde natürlich dem Thema „Brot" große Aufmerksamkeit geschenkt. Es sollte selbst gemeinsam Brot gebacken werden, was natürlich in der Kürze der zur Verfügung stehenden Zeit mit einem Hefeteig nicht möglich war. Den Quarkteig konnten die Kinder leicht selbst erstellen, Brötchen formen und ab damit in den Ofen. Während dann im Garten Fußball gespielt wurde (die Bewegung förderte die anschließende Konzentrationsfähigkeit für ernste Themen), deckte ich im Haus festlich den Tisch mit weißem Damast und schenkte weißen Traubensaft ein. Das Ergebnis war der Kommentar der Kinder: „So war es bei Jesus damals sicher auch." Mit welcher Begründung nun Nicht-Katholiken dieses Backwerk zubereiten, bleibt dem Leser überlassen. Wir nehmen heute die Brötchen besonders gern als Grundlage für die erste Marmelade aus Gartenobst, und das sind meistens Erdbeeren oder Rhabarber. Einfach lecker.
PS: Als die Kinder aus dem Kommunionalter raus waren, reisten sie viele Jahre in den Ferien zu Gast in englische Familien, um die Sprache besser zu erlernen. Die Gastmütter erwarteten von den jugendlichen Gästen aus ganz Europa heimische Rezepte. Unsere Kinder backten ihre Brötchen mit dem Vermerk: Das sind die deutschen „Scones", nur leckerer.

Schnelle Quarkbrötchen

ZUTATEN

150 g Quark
6 EL Milch
6 EL Rapsöl
75 g Zucker
1 Pck. Vanillezucker
1 Prise Salz
1 Pck. Backpulver
300 g Mehl
100 g Korinthen
Milch zum Bestreichen

Den Quark mit Milch, Öl, Zucker, Vanillezucker und Salz verrühren, danach das mit Backpulver vermischte Mehl unterkneten. Unter den Teig die gewaschenen und gut abgetropften Korinthen kneten, ihn zu einer Rolle formen und in 16 gleichmäßige Stücke schneiden. Diese mit bemehlten Händen zu Brötchen formen, auf ein mit Backpapier ausgelegtes Backblech legen und mit Milch bestreichen. Bei 175–200 °C gut 20 Minuten backen.

TIPP: Man kann die Korinthen durch eingeweichte, getrocknete Cranberries ersetzen oder die Brötchen ohne Zugabe von Trockenfrüchten vor dem Backen mit ½ TL Marmelade füllen. Am besten backt man gleich eine ganz Menge dieser köstlichen Brötchen und friert ein paar von ihnen ein. Im Backofen auftauen und dann lauwarm servieren: mit Butter und – wer mag – mit Konfitüre.

Tarte Tatin mit roten Stachelbeeren

Ein Rezept für schnelle Finger: die Tarte mit roten Stachelbeeren. Rot mit kleinen Haken und Ösen …

ZUTATEN

Für den Teig:

160 g Mehl

90 g kalte Butter

100 g Marzipanrohmasse

1 Eigelb

3 EL kaltes Wasser

1 Msp. gemahlener Kardamom

1 Prise Salz (je nach Geschmack)

Für den Belag:

3 EL brauner Zucker

500 g rote Stachelbeeren

3 EL gemahlene Mandeln

250 g Sahne

1 EL gehackte Mandeln

Zucker

2–3 EL Puderzucker

Außerdem:

Butter für die Form

Aus Mehl, Butter, grob geraspeltem Marzipan, Eigelb, Wasser und den Gewürzen mit dem Knethaken zügig einen Mürbeteig erstellen und diesen eine Stunde kalt stellen.
Für den Belag den Zucker in einer gefetteten Tarteform unter dem vorgeheizten Grill karamellisieren lassen. Achtung: Das geht sehr schnell! Die Form aus dem Ofen nehmen und etwas abkühlen lassen.
Die Stachelbeeren waschen und putzen, das heißt: Die kleinen Stängel und den kleinen Puschel am anderen Ende abschneiden. Das geht am besten mit einer kleinen Nagelschere. Dann die Beeren zusammen mit den Mandeln dicht an dicht auf dem Karamell verteilen. Den Backofen auf 200 °C vorheizen. Den Teig etwas größer als die Form ausrollen (gelingt sehr gut zwischen zwei großen Kreisen aus Frischhaltefolie). Die Teigplatte auf die Früchte legen und am Rand andrücken, so dass der Teig den Formboden erreicht. Die Tarte in ca. 20 Minuten goldgelb backen und auf eine Platte stürzen. ACHTUNG: Das ist eine sehr saftige Angelegenheit. Die Tarte dann abkühlen lassen.
Jetzt die Sahne steif schlagen und mit den gehackten Mandeln garnieren. Die Tarte mit Puderzucker bestäuben. Die Tarte schmeckt übrigens auch lauwarm serviert einfach toll.

TIPP: Diese Tarte schmeckt auch sehr gut, wenn sie mit Kirschen, Birnen, Pflaumen oder Rhabarber belegt wird. Als Dessert einfach die Stücke der Tarte etwas kleiner schneiden und mit einer Kugel Eis hübsch auf einem kleinen Teller anrichten.

Zu guter Letzt noch ein Deko-Tipp: Einfach ein paar Blätter pflücken und sie dann als Platzteller verwenden. Blätter vom wilden Wein in allen bunten Farben eignen sich besonders gut dafür.

Die Quiche – immer ein Unikat aus Kohlmanns Garten-Küche. Denn sie lässt sich jedes Mal aufs Neue variieren, mit frisch geerntetem Gemüse, aber auch mit Resten aus der Gemüseküche. Einfach, schnell und eine leckere Überraschung für unerwarteten Besuch.

Tomaten-Mozzarella-Quiche

ZUTATEN

Für den Teig:

200 g Mehl

100 g Butter

Salz

100 ml kaltes Wasser

Für den Belag:

6 Fleischtomaten

150 g Mozzarella

Für den Guss:

200 ml Schmand oder saure Sahne

2 Eier

Basilikum, Liebstöckel, Petersilie, Schnittlauch

1 Knoblauchzehe

Salz, Pfeffer

Außerdem:

Fett für die Form

Aus den Teigzutaten einen Mürbeteig erstellen und am besten über Nacht kühl stellen. Am nächsten Tag in einer gefetteten Quicheform ausrollen, den Rand hochziehen und die geputzten, in Scheiben geschnittenen Tomaten dachziegelartig einschichten. Mozzarella in dünne Scheiben schneiden und die Tomaten damit belegen. Für den Guss die Zutaten mit dem Pürierstab aufmixen und über die Füllung gießen. Bei 180 °C ca. 45 Minuten backen.

TIPP: Man kann je nach Erntezeit im Garten die Tomaten auch durch andere Gemüsesorten ersetzen, die dann jedoch vorher blanchiert werden müssen, z. B. Möhren, Kohlrabi, Lauch und auch Stielmus.

Apfel-Charlotte

Als wir vor gut 10 Jahren in unser kleines Siedlungshaus zogen, stand dort Spalierobst, klein, praktisch und lecker. Es wuchs dort an der Wand entlang und nahm keinen zusätzlichen Platz weg. Dort war es meistens sehr geschützt und damit schön warm. Aber die Bäume waren zu alt, der heiß geliebte Berlepsch musste gefällt werden, leider. Aber ohne Apfelbaum wirkte unser Garten ziemlich öde. Deshalb bekam unsere Tochter Anna zum Abitur ihren Apfelbaum, Sorte unbekannt, aber lecker, und er trägt von Jahr zu Jahr mehr Früchte. Dazu kamen noch ein Birnbaum, eine Quitte, und alles überragt der majestätische alte Kirschbaum: ein süßer, verführerischer Schattenspender. Im Winter die ideale Kulisse für Licht- und Schattenspiele im Schnee.

ZUTATEN

Für den Biskuitteig:

4 Eigelb

125 g Zucker

4 Eiweiß

1 Prise Salz

1 Vanilleschote

1 TL Backpulver

100 g Mehl

1 Pck. Vanille-Pudding-pulver

1 Glas Quitten-Riesling-Gelee (selbst gemacht, siehe Rezept auf S. 49) oder Apfelgelee

Für die Füllung:

4–6 Äpfel (z. B. Boskop oder Jonagold)

¼ l Cidre

100 g Zucker

etwas Zitronensaft

6 Blatt weiße Gelatine

3/8 l Sahne

Das Eigelb mit dem Zucker cremig schlagen. Das Eiweiß mit dem Salz steif schlagen. Die ausgekratzte Vanilleschote, das mit Backpulver gesiebte Mehl und das Puddingpulver mit dem Eigelb vorsichtig vermengen. Das geschlagene Eiweiß unterheben. Ein Backblech mit Backpapier auslegen und den Teig aufstreichen. Im vorgeheizten Backofen bei 225° 10-15 Min. backen und eine Garprobe machen. Das Teigblatt auf ein mit Zucker bestreutes Geschirrtuch stürzen, das Backpapier abziehen und den Biskuitteig mit Hilfe des Tuches sofort heiß aufrollen. Nach dem Auskühlen den Biskuit wieder abrollen und mit Gelee bestreichen, erneut aufrollen und abkühlen lassen.

In der Zwischenzeit die Äpfel schälen, entkernen, vierteln und in feine Stücke schneiden. Die Äpfel in Cidre mit Zucker und Zitronensaft bissfest garen.

Die Gelatine nach Anweisung auflösen und unter die Masse geben. Beginnt die Fruchtcreme zu gelieren, die geschlagene Sahne unterziehen. Eine große Glas- oder Metallschüssel mit Klarsichtfolie auslegen, die Biskuitroulade in ca. 20 Scheiben schneiden und die Schüssel dicht an dicht mit 15 Scheiben auslegen.

Die Apfelmuscreme in die Form füllen und mit den restlichen Biskuit-Rouladenscheiben bedecken und im Kühlschrank über Nacht fest werden lassen. Vor dem Servieren die Apfel-Charlotte auf eine Platte stürzen, die Folie entfernen und evtl. außen herum mit Sahnetupfen und Apfelschnitzen oder Zitronenmelisse-Blättern garnieren.

TIPP: Diese Kuppeltorte ist eine Augenweide auf jeder Kaffeetafel. Im Sommer schmeckt sie sehr gut gekühlt, und im Winter kann man auch die Fruchtmasse mit Zimt oder weihnachtlichen Gewürzen variieren und die Charlotte mit einer Vanillesauce reichen.

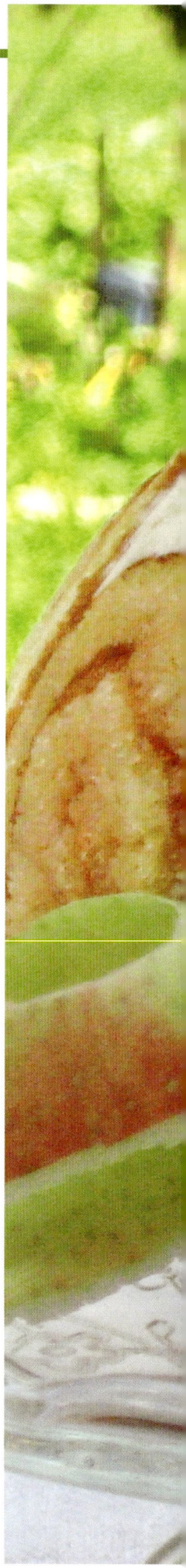

Alles fing mit einer besonderen Kuchenform aus Ton an. Die irdene Schüssel bekam ich vor Jahrzehnten von der Essener Verwandtschaft geschenkt. Angeblich haben die Werdener Nonnen in solchen Gefäßen den Kuchen gebacken, die Nonnen, bei denen ich zur Schule ging. Der Apfelkuchen gehört auf jede größere Kaffeetafel der Kohlmanns, schon die ungewöhnliche Form fällt gleich ins Auge. Besonders der Anisgeschmack und die üppige Fruchtfülle lassen ihn zu einem der vielen Lieblingskuchen werden. Allerdings heißt das auch viel Arbeit, denn die enorme Apfelmenge muss komplett geschält werden. Mit den jüngeren Kindern wurde dabei ein Wettbewerb ausgelobt: Wer kann die längste Apfelschale am Stück produzieren? Heute gibt es in unserem Haushalt die kleine Werdener Kuchenform, die halbe Menge für den geschrumpften Haushalt, denn auf diesen Kuchen will keiner verzichten.

Werdener Appeltate

ZUTATEN

Für den Teig:

200 g Butter

200 g Zucker

1 Pck. Vanillezucker

1 großes Ei

1 Eigelb

300 g Mehl

1 gestr. TL Backpulver

Für die Füllung:

2 kg Boskopäpfel

50 g Zucker

½ TL Zimt

3 TL Aniskörner

Aus den angegebenen Zutaten (außer dem Eigelb) einen Mürbeteig bereiten und eine Stunde kalt stellen. Für die Füllung die Äpfel schälen, vierteln, entkernen und in sehr dünne Scheiben schneiden. Von dem Teig einen Boden und einen dünnen Deckel ausrollen. Den Teig in eine gefettete Springform legen und einen Rand hochziehen. Den Teig einige Male einstechen.

Nun die Äpfel schichten und Zucker, Zimt und Aniskörner Schicht für Schicht dazwischengeben. Jede Schicht mit den Händen andrücken, damit möglichst viele Äpfel Platz finden. Den Deckel auflegen und mit einer Gabel in diagonalen Linien einstechen. Im vorgeheizten Backofen bei 195 °C 85 Minuten backen. Das Eigelb mit dem Backpinsel verquirlen und den Kuchen damit dünn überpinseln. Im ausgestellten Backofen noch 5–10 Minuten ruhen lassen.

TIPP: Ich backe diesen Kuchen in einer speziellen Tonform aus Essen-Werden. Das Besondere daran ist die große Menge Äpfel. Wenn man für eine große Kaffeetafel backen will, kann dieser Kuchen schon lange vorher samt Form eingefroren werden. Kurz vor dem Servieren wird er noch einmal aufgewärmt. Lauwarm mit Schlagrahm schmeckt er besonders köstlich.

Zitronen-Beeren-Tarte

Ein echter französischer Back-Klassiker ist eine Tarte. Ein Rezept für alle, die eigentlich eher die Füllung mögen und keine Böden, denn eine Tarte wird hauchdünn gebacken. Ganz klassisch wird der Teig wie ein Mürbeteig ohne Zucker zubereitet, aber ganz ohne geht es in der süßen Küche nicht. Die Tarte ist ein Kuchendessert, ein leckerer Nachtisch und ein Hingucker auf dem Kuchenbuffet.

ZUTATEN

Für den Teig:

150 g Mehl

Schale von einer ½ unbehandelten Zitrone

65 g Zucker

65 g Butter

25 g gemahlene Mandeln

1 Ei

Bittermandelaroma

1 EL kaltes Wasser

Blindbackerbsen

Backpapier

Für den Belag:

25 g Butter

4 unbehandelte Zitronen

5 Eier

170 g Zucker

750 g gemischte frische Beeren (Brombeeren, Himbeeren, Blaubeeren, rote und schwarze Johannisbeeren. Die schwarzen Johannisbeeren sind für den Geschmack ganz wichtig.)

1 Pck. heller Tortenguss

¼ l Prosecco

Aus den Teigzutaten einen Mürbeteig erstellen und eine Stunde kalt stellen. Eine gefettete Quicheform mit dem Teig auslegen, den Rand hochziehen und mit Backpapier und Blindbackerbsen bei 180 °C ca. 20 Minuten blindbacken. Die Belagzutaten für die Creme verrühren, nach 20 Minuten die Backerbsen und das Backpapier entfernen und den Belag auf den Teig gießen. Die Temperatur auf 140 °C zurückdrehen und den Kuchen ca. 40 Minuten backen (Garprobe). Die Quicheform herausnehmen und abkühlen lassen. Die geputzten Beeren akkurat sortenweise als breiten Rand auf die Tarte drapieren, sodass die Mitte beerenfrei bleibt. Den Tortenguss mit dem Prosecco aufkochen und die Tarte damit glasieren. Nach Möglichkeit gekühlt servieren.

TIPP: Falls Kinder am Tisch sind, entfällt der Prosecco-Tortenguss und die Beeren werden vor dem Backen in die Masse drapiert und mitgebacken. Anschließend mit Puderzucker und einigen frischen Früchten und Zitronenmelisse belegen.

Gebratenes Fischfilet mit Lauch-Senf-Sauce

Bratfisch mit Lauch-Senf-Tunke: Diese Kombination in Begleitung von Kartoffelstampf lernten wir Anfang der 90er Jahre bei Reisen nach Mecklenburg-Vorpommern kennen. Seit dieser Zeit ist sie zum Lieblingsgericht meines Mannes geworden. Lauch muss immer im Garten oder im Vorrat sein. Alle Fischrezept-Experimente meinerseits werden zwar „geduldet", aber so wirklich gut ist das Gericht nur mit Lauch-Senf-Sauce, dabei vergisst mein Mann die Mühen mancher Gartentage. Aber dazu sind ja bekanntlich Leibgerichte da.

ZUTATEN

750 g Fischfilet (z. B. Rotbarsch, Dorsch, Seelachs)

1 Zitrone

1 Prise Salz

50 g Mehl

1 Ei

50 g Semmelbrösel

Raps-Bratöl

1–2 Stangen Lauch

250 ml Gemüse- oder Fischfond

Weißwein nach Geschmack

2–3 EL Dijonsenf

Salz, Pfeffer, Muskatnuss

Dill

Das Fischfilet waschen, trocknen und mit Zitronensaft beträufelt, etwas stehen lassen. Anschließend abtupfen, mit Salz bestreuen und nacheinander in Mehl, geschlagenem Ei und zuletzt in Semmelbröseln wenden. In heißem Bratöl von beiden Seiten goldbraun braten. Ist das Filet sehr dick, sollte es in der Pfanne nur von beiden Seiten gebräunt werden und dann im 120 °C° heißen Backofen garen können. Während der Garzeit den gewaschenen und in Ringe geschnittenen Lauch im Bratfett andünsten und mit dem Fond und wahlweise etwas Weißwein ablöschen. Die Masse einreduzieren und den Senf vorsichtig unterheben. Mit Salz, Pfeffer und Muskatnuss abschmecken. Der Lauch muss noch Biss behalten. Auf vorgewärmten Tellern die Lauch-Senf-Sauce als Unterlage anrichten, das Fischfilet darauflegen und mit Zitronenscheiben und Dill garnieren.

TIPP: Dazu schmeckt Kartoffelschnee. Wer mag, kann der Sauce mit etwas flüssiger Sahne eine cremige Konsistenz geben. Saucenreste lassen sich auch kalt als Dip weiterverwenden.

Fleisch ohne „Gartenzeug“, ohne Kartoffel- oder Gemüsebeilage, wäre auf Dauer langweilig. Ohne das Drum und Dran sind Steaks, Braten, Schnitzel & Co. lange nicht so verführerisch. Mal ein gegrilltes Nackensteak pur: Das schmeckt auch am besten im Garten. Der Garten-Grillklassiker: Kartoffelsalat mit Würstchen. Wie auch am Heiligen Abend. Aber da dominieren die Wienerle, nicht die Bratwürste. Bei uns war die Variante „Warmer Kartoffelsalat mit schlesischen Weißwürstchen und Feldsalat“ immer ein absolut taugliches Essen nach der Bescherung. Meine Mutter hat es bei uns in Münster geliebt, als die Kinder klein waren und man so wenig Zeit in der Küche verbringen musste. Die Kombination „Kartoffelsalat mit Frikadellen“ ist bei uns auch ein beliebtes Geburtstagsbuffet-Essen.

Buletten

Rundes aus Hackfleisch

ZUTATEN

- 3–4 Brötchen vom Vortag
- 500 g Hackfleisch
- 1 Ei
- Zwiebelwürfel, extrem fein
- Salz, Pfeffer, Paprikapulver
- evtl. Brösel
- 2–3 EL Butterschmalz

Brötchen in warmem Wasser einweichen, gründlich ausdrücken, mit den anderen Zutaten in einer Schüssel vermengen und abschmecken. Mit leicht geölten Händen die Frikadellen formen und in Brösel wälzen. Im Kühlschrank 30 Minuten ruhen lassen.
Das Butterschmalz in der Pfanne auslassen und die Frikadellen von beiden Seiten braun anbraten. Die Buletten in einer ofenfesten Form im Backofen bei 175 °C 30 Minuten garen. Im Bratfett der Pfanne können ergänzend noch Zwiebelringe mit Zucker karamellisiert und gebräunt werden.

TIPP: Durch das Garen im Ofen statt in der Pfanne sind die Frikadellen außen knusprig und innen fluffig. Man kann die feinen Zwiebelwürfel auch vorher andünsten, bevor man sie zur Farce gibt. Buletten können kalt und warm serviert werden. Manche mögen auch Knoblauch darin oder gehackte Petersilie. Die leichte Variante besteht aus Geflügelhackfleisch, das ich beim Geflügelhändler meines Vertrauens auf dem Markt kaufe.

Kartoffelsalat

Drei Varianten fürs Fein-Heimische

Die Essener Variante: mit Mayonnaise

Aus Eigelb, Senf, Salz und Pfeffer mit 2–3 EL Rapsöl eine Mayonnaise rühren. Die gekochten gepellten Kartoffeln (Menge je nach Anzahl der Gäste) in Würfeln zugeben, Gewürzgurken nach Geschmack, Apfelwürfel, Zwiebelwürfel und gehacktes gekochtes Ei zugeben. Mit dem Gurkenwasser die Konsistenz vervollständigen. Mit Salz und Pfeffer würzen.

Die Münsteraner Variante: warm

Die gekochten und gepellten Kartoffeln würfeln. In einem breiten Topf etwas Butter auslassen, Zwiebelwürfel glasig dünsten. In einem Becher ein ganzes Ei, 1 EL Mehl und etwas Wasser verquirlen. In die Fett-Zwiebel-Masse rühren und unter ständigem Rühren mit Wasser „lang" ziehen. Leicht aufkochen lassen. Mit Essig, Salz und Pfeffer abschmecken. Kartoffelwürfel vorsichtig unterheben und die Konsistenz mit Essig und Wasser regulieren. Nur noch leicht ziehen lassen. Mit Lauchzwiebelringen lauwarm servieren.

Die Schwäbische Variante: mit Essig

Die Kartoffeln in der Schale kochen, pellen und in Scheiben schneiden, noch heiß mit Gemüsebrühe bedecken und ziehen lassen. Immer wieder Brühe nachgießen. Nehmen die Kartoffeln keine Flüssigkeit mehr auf, Weinessig, Rapsöl, Salz und Pfeffer zugeben. Und dann feine Lauchzwiebelringe unterheben – je nach Geschmack.

Das Schweinekotelett gehörte einfach zur Alltagsküche der 60er Jahre dazu, inklusive den Knochen genüsslich abzuknabbern, so wie man es heute mit Spareribs beim gemütlichen Grillabend macht. Kotelett schmeckt aber auch ganz anders. Einfach als ganzes Stück, als Schweinskarree in den Backofen schieben und schmoren lassen. Dazu ein Sammelsurium von Bohnen, die im streng botanischen Sinne gar keine echten Bohnen sind: So lässt sich die klassische Prinzessböhnchen-Beilage leicht ersetzen.

Schweinskarree
mit Bohnen-Sammelsurium

ZUTATEN

Schweinskarree vom Bunten Bentheimer Schwein (ca. 8 Rippen)

2 Zweige Rosmarin

Salz, Pfeffer, Rosmarin

Raps-Bratöl

1 Möhre, 2 Selleriestangen, 2 Lauchzwiebeln, 2 Schalotten

1 kg Dicke Bohnen

250 g Buschbohnen

250 g Stangenbohnen

250 Zuckerschoten, 1 Zwiebel, Bohnenkraut, Olivenöl

250 ml Gemüsebrühe

Salz, Pfeffer, Thymian, Rosmarin, etwas Chili

glatte Petersilie

evtl. 1–2 Tomaten und eine Schalotte zum Binden

Das Schweinskarree vom Metzger des Vertrauens vorbereiten lassen, dass die Rippen frei liegen, und mit dem Rosmarin an den Knochen umwickeln, salzen, pfeffern und mit Rosmarin bestreuen. In einem Bräter im heißen Öl rundherum anbraten, das geputzte Schmorgemüse dazugeben und mitbraten. Mit Brühe ablöschen und die Röststoffe lösen. Im vorgeheizten Backofen bei niedriger Temperatur (120 °C) langsam garen. Immer wieder mit dem Fond begießen. Die Bohnen getrennt vorbereiten, in mundgerechte Stücke schneiden und auch getrennt nacheinander in mildem Salzwasser mit Bohnenkraut vorgaren – Achtung: bissfest. Die Dicken Bohnen nach dem Garen aus den Hülsen palen, diese Arbeit wird von erhöhtem Geschmack gekrönt. Die Zuckerschoten schräg in Stücke schneiden und mitgaren.

Entweder gibt man nun alle Bohnen zusammen in etwas angeschwitzter Zwiebel mit wenigen Löffeln Brühe in den Topf. Ich jedoch bevorzuge die italienische Variante: Bohnen tomatisiert. Dazu werden die Schalotten und gehäuteten Tomatenwürfel in etwas Olivenöl angeschwitzt. Dann das Bohnensammelsurium zugeben und würzen. Evtl. mit etwas Bohnenwasser verlängern und in sämige Konsistenz bringen. Das Schweinskarree aus dem Ofen nehmen, ruhen lassen und mit dem Elektromesser in Scheiben schneiden. Auf dem Bohnengemüse servieren.

TIPP: Hierzu schmecken Rosmarinkartoffelwürfel oder für die, die den Fleischfond loskochen und zu einer sämigen Sauce binden, auch Pellkartoffeln. Für eine große Tafelrunde sieht das Schweinskarree im Ganzen serviert spektakulär aus und wird am Tisch tranchiert. Dazu schmeckt ein Pils oder ein säurearmer Weißwein.

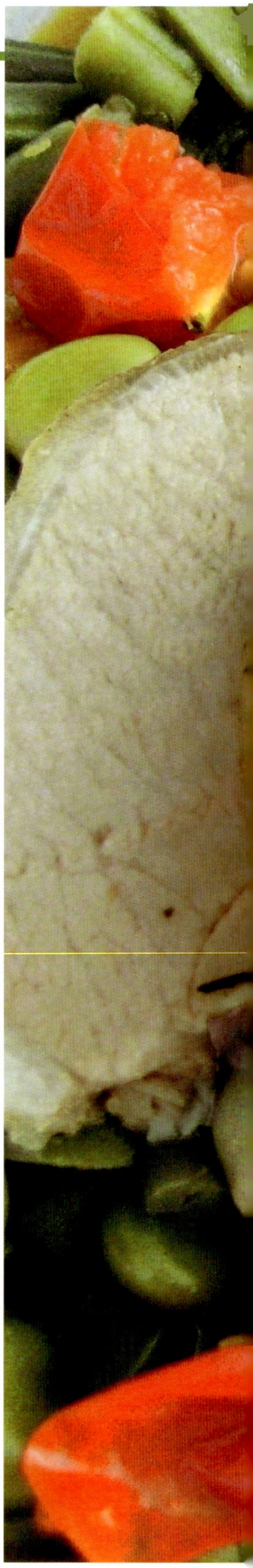

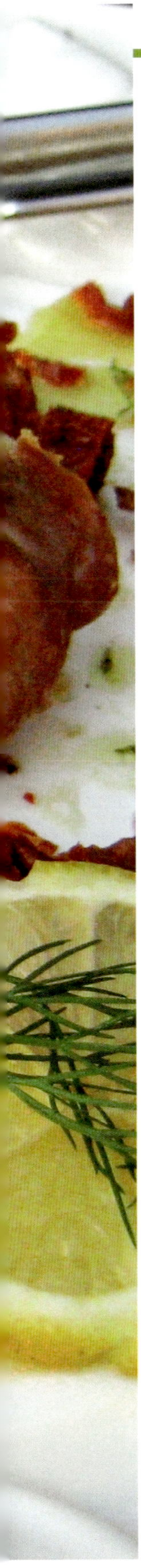

Wie bitte – Saltimbocca mit Fisch? Warum denn nicht? Denn Saltimbocca, die italienischen Schnitzel, gibt es mittlerweile in vielen Varianten. Saltimbocca heißt übersetzt so viel wie „Spring in den Mund". Ursprünglich ein Rezept der römischen Küche: ein mit Schinken und Salbei gefülltes, gebratenes dünnes Schnitzel vom Kalb. Ein Klassiker der Spitzenküche, warum also nicht mal mit Fischfilets?

Saltimbocca vom Dorsch

mit Tomatenvinaigrette

ZUTATEN

Für den Fisch:

700 g Dorschfilet
4 Scheiben Parmaschinken
4 große Salbeiblätter
2 EL Olivenöl

Für die Vinaigrette:

50 g getrocknete Tomaten in Öl
2 EL Olivenöl
4 Stängel Thymian
2 EL Zitronensaft
Salz, Cayennepfeffer

Für das Püree:

300 g mehligkochende Kartoffeln
3 Möhren
80 ml Milch
2 EL Butter
Salz, Muskat
etwas Rucola

Kartoffeln und Möhren schälen, würfeln, und in wenig Salzwasser garen. Für die Vinaigrette Tomaten fein hacken, mit Öl und geschnittenem Thymian, Zitronensaft, Salz und Cayennepfeffer verrühren. Den Dorsch abbrausen, trocken tupfen und in 4 Stücke teilen. Mit Pfeffer würzen und jedes Filet mit einer Schinkenscheibe umwickeln. Ein Salbeiblatt auflegen und mit Zahnstocher fixieren. Von jeder Seite 2 Minuten in heißem Öl braten, runterschalten und garziehen lassen. Das Gemüse abgießen, mit dem Stampfer grob stampfen und mit heißer Milch und Butter verrühren. Mit Salz und Muskat abschmecken. Den Rucola säubern, grob hacken und unter das Püree ziehen. Einen Servierring auf den vorgewärmten Tellern platzieren, das Püree einfüllen, den Ring abziehen, den Dorsch auflegen und mit der Tomatenvinaigrette umträufelt servieren.

TIPP: Der Dorsch kann auch durch anderes Fischfilet ersetzt werden. Ebenso können beliebige Gemüsesorten (z. B. frische Erbsen oder Zuckerschoten) verwendet werden. Ersetzt man die Butter im Püree durch aromatisches Olivenöl, wird die mediterrane Note verstärkt – und der Gesundheitsfaktor auch.

Hähnchen in Apfel-Cidre

Gartenparty mit knusprigen Hähnchen: Einfach zuzubereiten und dann mit den Gästen den Holunderblütencocktail im Garten genießen. Eine Stunde ohne Küchenarbeit, weil der Backofen fast alles allein macht.

ZUTATEN

4 Hähnchenkeulen

1 doppelte Hähnchenbrust mit Haut und Knochen

Salz, Pfeffer

Öl zum Braten

2 rote Zwiebeln

2 rote Äpfel

1 große Hand voll Sultaninen

500 ml Cidre

Die Hähnchenteile waschen, trocken tupfen und mit Salz und Pfeffer würzen. Den Backofen auf 120 °C vorheizen. In einer Pfanne die Hähnchenteile in Bratöl rundherum anbraten und in eine ofenfeste Kasserolle oder Reine legen. Im Bratfett Zwiebelringe und Apfelwürfel kurz andünsten, die Sultaninen in den Cidre geben und damit dann ablöschen. Den Sud über die Hähnchenteile gießen und im Backofen 60–70 Minuten garen lassen. Dabei nach und nach die verbleibende Flüssigkeit angießen.

TIPP: Apfel-Hähnchen sind bei uns besonders gefragt, wenn viele hungrige Gäste kommen. Dieses Rezept lässt sich auch für viele Personen in der Fettpfanne im Backofen in großen Mengen zubereiten. Dazu schmeckt am besten ein knuspriges Baguettebrot, mit dem man die köstlich-würzige Sauce aufnehmen kann. Sind Kinder am Tisch, ersetze ich Cidre durch naturtrüben Apfelsaft.

Westfälisches Blindhuhn

ZUTATEN

- 200 g weiße Bohnen
- 1 Hähnchenbrust
- 250 g grüne Stangenbohnen
- 250 g Möhren
- 750 g Kartoffeln
- 2 Zwiebeln
- 250 g Äpfel
- Gemüsebrühe
- Salz, Pfeffer
- frische Kräuter

Die weißen Bohnen über Nacht in 2 l Wasser einweichen und am Morgen mit dem Einweichwasser 1 ½ Stunden kochen. Alternativ kann man auch fertig gegarte Bohnen aus dem Glas verwenden. Die Hähnchenbrust waschen, trocken tupfen und in mundgerechte Würfel schneiden. In einem großen breiten Topf kurz anbräunen. Die gewaschenen, entfädelten und in Stücke gebrochenen grünen Stangenbohnen, die Möhren- und Kartoffelwürfel, die Zwiebelringe und Apfelwürfel mit Schale zugeben. Alles zusammen anschwitzen und mit Gemüsebrühe und evtl. etwas Bohnenwasser ablöschen. Mit Salz und Pfeffer abschmecken und ca. ½ Stunde schwach köcheln lassen. Kurz vor Ende der Kochzeit mit einem Schaumlöffel die weißen Bohnen aus dem Einweichwasser entnehmen und zur Suppe geben, evtl. etwas Bohnenwasser ergänzen. Die Konsistenz ist Geschmacksache. In vorgewärmte tiefe Teller geben und mit frischen Kräutern bestreut servieren.

TIPP: Dieser traditionelle Münsterländer Eintopf wird eigentlich mit durchwachsenem, geräuchertem Speck zubereitet. Ich bevorzuge die schlanke Variante: Ich nehme Hähnchenbrust und italienische Cannellini-Bohnen. Vor dem Servieren gebe ich noch etwas Petersilien-Pesto in die Brühe. Je nach Erntelage im Garten können die Gemüsesorten auch ausgetauscht werden. Es ist also ein „Ich guck mal nach, was im Garten ist"-Gericht.

ISH FOR

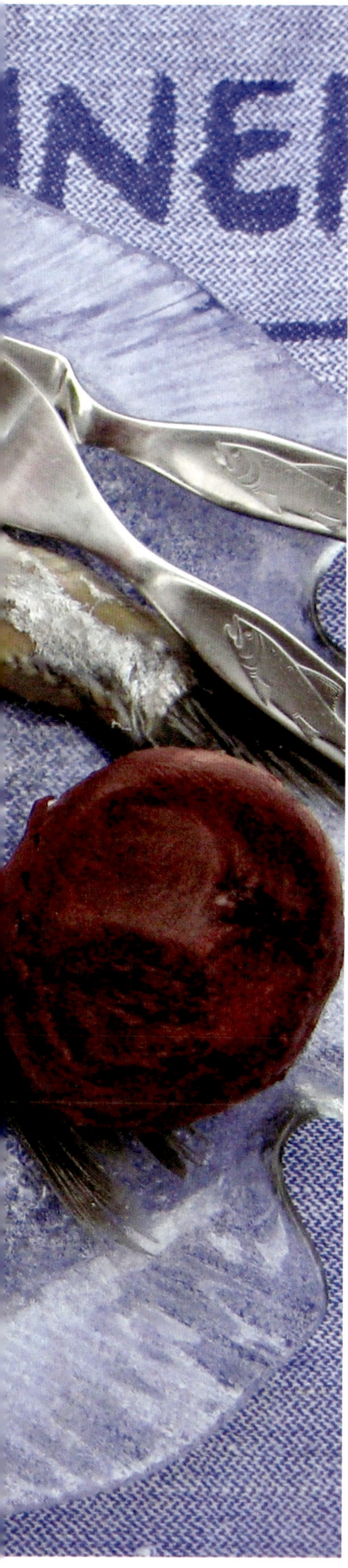

Oma Hedi brauchte kein Rezeptbuch, wenn sie zum Hering griff. Sie hatte alles im Griff. Ihr Roter Heringssalat war in unserer Familie ein Renner. Und eine ganz spezielle Art der Resteverwertung vom Festtagsbraten. So wurde das Angenehme mit dem Nützlichen verbunden. Den roten Heringssalat, der natürlich am besten zur Erntezeit der Roten Bete schmeckt, essen wir nur von ganz besonderen Tellern: alte, schlichte Glasteller, die muschelförmig von unten gewellt sind. Ich habe sie von meiner Mutter übernommen, und seitdem gehören sie zu unserer Festtagstradition. Bei mir zu Hause gab es früher jedes Jahr am Abend des 2. Weihnachtstages diesen pikanten Salat. Meine Mutter servierte ihn „alle Jahre wieder" mit den Worten: „So, das schmeckt jetzt nach all den süßen Plätzchen und Christstollen." Recht hatte sie, nur essen wir heute Heringssalat oft übers Jahr verteilt – aber nur von den „2.Weihnachtstagsheringssalat"-Tellern. Auch als Katerfrühstück nach einer heftigen Silvesternacht ist dieser pikante Salat ideal.

Oma Hedis Roter Heringssalat

ZUTATEN

Für den Salat:

250 g Matjesfilets

250 g gekochte Rote Bete

1 großer Apfel (Boskop oder Cox Orange)

150 g Reste von Puten- oder Kalbsbraten (alternativ: gekochter Schinken)

4 hart gekochte Eier

6 kleine eingelegte Gurken

Für die Sauce:

200 g saure Sahne

4 EL Weißweinessig

4 EL Rapsöl

etwas Gurkenwasser

Salz, Pfeffer

Schnittlauch oder Petersilie

Alle Zutaten für den Salat sehr klein würfeln und in eine Glas- oder Heringstopfform füllen. Die Saucenzutaten verrühren, dabei mit dem Salz sehr sparsam umgehen, da der Matjes bereits salzig ist. Die Salatzutaten vorsichtig mit der Sauce vermengen und am besten über Nacht abgedeckt kühl stellen und durchziehen lassen. Vor dem Servieren noch einmal durchmischen und evtl. mit Gurkenwasser und Gewürzen abschmecken.

TIPP: Dazu schmeckt hervorragend Schwarzbrot oder Westfälisches Pumpernickel mit Butter. Der Heringssalat kann aber auch als Hauptgericht zu Pellkartoffeln oder Bratkartoffeln gereicht werden. Wer es besonders pikant mag, gibt noch ein paar gehackte Kapern hinzu.

Nicht ganz einfach zu pflücken: Es brennt und kribbelt, aber es lohnt sich. Zum Beispiel mit diesem Rezept avancieren Brennnessel zum leckeren Gartengemüse, und man muss sich nicht ärgern über Kräuter mit unerwünschtem Charakter.

Brennnessel-Gnocchi

ZUTATEN

ca. 300 g Brennnesselblätter

1 EL Butter oder Rapsöl

250 g Ricottakäse (oder Frischkäse)

2 große Eier

4 EL Mehl

75 g geriebener Parmesan

Saft von einer ½ Zitrone

Schalenabrieb von einer Bio-Zitrone

Salz und Pfeffer

Zum Servieren:

50 g geschmolzene Butter

2 Knoblauchzehen

gehackte Schale einer Bio-Zitrone

100 g geriebener Parmesan

evtl. bunte Pfefferkörner

Die gewaschenen Brennnesselblätter in kochendem Wasser blanchieren, abgießen und abtropfen lassen. Fein hacken und in einen breiten Topf mit Butter oder Rapsöl geben. Ricotta hinzufügen und alles bei schwacher Hitze 4–5 Minuten köcheln lassen. Die etwas abgekühlte Masse mit Eiern, Mehl, Parmesan, Zitronensaft und Zitronenschale verrühren und mit Salz und Pfeffer würzen. Die Mischung einige Stunden kühl stellen oder über Nacht ruhen lassen. Etwas Mehl auf eine Arbeitsfläche streuen und den Teig zu langen, gut fingerdicken Rollen formen. Die Rollen in ca. 2 cm lange Stücke schneiden, in die klassische Gnocchi-Form bringen, mit einer Gabel markieren und in Mehl wälzen. Die fertigen Gnocchi auf ein bemehltes Holzbrett legen und mit Backpapier abdecken. Direkt vor dem Servieren die Gnocchi in reichlich kochendem sprudelnden Salzwasser ziehen lassen, die Gnocchi dürfen jedoch keinesfalls kochen. Diesen Vorgang portionsweise wiederholen, da die Gnocchi in reichlich Wasser schwimmen müssen. Steigen sie an die Wasseroberfläche, sind sie gar. Mit einem Schaumlöffel herausnehmen und auf vorgewärmten Tellern mit geschmolzener Butter, mit Zitronenschale und Knoblauch abgeschmeckt, anrichten. Darüber dann etwas Parmesan streuen. Die zerstoßenen bunten Pfefferkörner geben dem Gericht Farbe und Schärfe.

TIPP: Dieses Gericht ist eine typische italienische Vorspeise, die allerdings – auch wegen des leckeren Parmesans – sehr sättigend ist. Ein knackiger Salat dazu ist der ideale Begleiter. Achtung: Die Brennnesseln nicht am Straßenrand pflücken, dort sind die Blätter oft mit zu viel Staub und Straßenschmutz belastet.

Wem die Brennnessel nicht geheuer ist, bereitet die Gnocchi mit anderen Kräutern zu.

Erdbeer-Tomaten-Salsa

Ende Mai beginnt bei uns die Erdbeersaison. Mit Zucker und Sahne verspeisen wir die Früchte natürlich jederzeit und reichlich. Aber Erdbeeraromen entfalten auch in Salaten und mit Gewürzen eine ganz eigene fruchtige Note. Unsere Spezialität ist eine Salsa, eine würzige Sauce.

Salsa ist eine spanische Spezialität von pikanten bis scharfen oder auch säuerlichen Saucen. Die mexikanische Salsa ist scharf mit Koriander-Aroma, die italienische Salsa verde sauer durch Essiggurken und erhält ihre grüne Farbe von Kapern, grüner Paprika und Kräutern.

ZUTATEN

500 g Erdbeeren

4 Roma-Tomaten

1 Limette

1 EL Pinienkerne

½ rote Chilischote

1 Knoblauchzehe

3 EL gehacktes Basilikum

1 EL Olivenöl

Die Erdbeeren waschen, putzen und sehr fein schneiden. Die Tomaten mit kochendem Wasser übergießen, enthäuten und das Fruchtfleisch ohne Kerne und Stielansatz in kleine Stücke schneiden. Die Limette auspressen und mit dem Saft die Früchte marinieren.

In der Pfanne die Pinienkerne trocken anrösten, die Chilischote und die Knoblauchzehe fein hacken und beides mit dem Basilikum und Olivenöl dazugeben. Die Erdbeer-Tomaten-Mischung in die heiße Pfanne dazugeben und nur ganz kurz erhitzen, dann abkühlen lassen. Die Salsa sollte eine gute Stunde durchziehen, damit sich die Aromen entwickeln können.

TIPP: Die Salsa kann in kleinen Schälchen zusammen mit geröstetem Baguettebrot als Vorspeise serviert werden. Sie schmeckt auch zu Gegrilltem sehr gut und ist auf Gartenbuffets farblich eine Augenweide.

Jedes Jahr hoffen wir, dass unser Feigenbaum es diesmal schafft, reichlich süße Früchte zu produzieren, aber leider haben wir oft Pech. Trotzdem bleibt er stehen, er bietet optisch im Garten eine schöne Abwechslung. Feigen gibt es mittlerweile in allen gut sortierten Lebensmittelläden und auf Biomärkten. Seitdem ich selbst Kräuter anbaue, Gewürzmischungen, Öle und Essige selber herstelle, macht das Abschmecken noch mehr Spaß. So haben wir unsere ganz individuelle Duft- und Garten-Geschmacksnote in der Küche.

Feigensenf

ZUTATEN

1 kg reife Feigen

900 g Zucker

Saft von 1 großen Zitrone

200 g helles Senfmehl

Die Feigen putzen, entstielen und mit Schale sehr klein schneiden. Mit dem Zucker unter stetigem Rühren langsam zum Kochen bringen. Wenn die Zucker-Feigen-Masse sprudelnd kocht, die Küchenuhr auf 5 Minuten stellen. Nach Ablauf dieser Zeit den Zitronensaft hinzufügen und die Masse weitere 5 Minuten kochen lassen, dabei immer weiterrühren. Dann das Senfmehl hinzugeben. Wer den Senf gern ohne Fruchtstücke mag, sollte zu diesem Zeitpunkt die Masse pürieren. Nach weiteren 3 Minuten Kochzeit auf einem gekühlten Teller die Gelierprobe machen. Wenn die Masse fest bleibt, kann der Feigensenf in kleine Schraubgläser abgefüllt werden. Nach dem Befüllen werden die Gläser 5 Minuten auf den Kopf gestellt und dann kühl gelagert.

TIPP: Wer den Senf länger haltbar machen will, kann ihn noch zusätzlich in der mit heißem Wasser gefüllten Fettpfanne des Backofens bei 180 °C 20–30 Minuten sterilisieren. Wer den Senf noch schärfer haben möchte, kann ihn nach Belieben mit frischem oder getrocknetem Chili abschmecken. Feigensenf schmeckt hervorragend zu Bergkäse und ist die Basis für eine schmackhafte Grillsauce.

So geht die Gelierprobe: Einen Esslöffel der Masse auf einen kleinen Teller geben und kalt stellen, am besten in den Kühlschrank. Wenn die Masse ruck, zuck steif wird, ist die Gelierprobe okay, und man kann den Senf abfüllen. Ansonsten noch etwas Senfmehl dazugeben.

Imbiss oder komplette Mahlzeit? Da sind wir uns nicht einig, aber egal, es schmeckt, und wenn man abends noch etwas Warmes essen möchte, weil vielleicht das Mittagessen nicht so üppig war, dann sind die Muffins genau das Richtige. Übrigens lassen sich so auch die Kräuter, die vielleicht übrig geblieben sind, oder die Ernte eines überquellenden Kräuterbeetes gut in der Resteküche verwenden.

Kräutermuffins

ZUTATEN

1 Bund Basilikum

Jeweils 5 Zweige Oregano und Thymian

5 getrocknete Tomaten in Öl

1 Prise getrocknetes Chilipulver (nach Geschmack)

150 g Frischkäse

Salz, Pfeffer (nach Geschmack)

50–100 g geriebener Hartkäse (z. B. Gouda oder auch eine kräftige Sorte)

175 g Mehl

2–3 TL Backpulver

Muskatnuss (nach Geschmack)

1 Prise Zucker

80 g weiche Butter

2 Eier

250 ml Buttermilch oder Kefir

Und natürlich am besten ein Muffinblech und Papierförmchen

Das Muffinblech mit den Papierförmchen auslegen. Die Kräuter waschen, trocken schütteln und klein schneiden, Tomaten abgetropft sehr fein würfeln. Die Hälfte der Kräuter mit den Tomatenwürfeln und evtl. einer Prise Chilipulver unter den Frischkäse rühren und mit Salz und Pfeffer abschmecken. Für den Teig den Käse mit Mehl, Backpulver, Salz, Muskat und Zucker vermischen. Die Butter mit den Eiern schaumig schlagen. Buttermilch oder Kefir und die restlichen Kräuter unterrühren und die Käse-Mehl-Mischung unterheben. Die Hälfte des Teigs gleichmäßig in die Förmchen verteilen. Jeweils 1 TL Frischkäsemasse in die Mitte auf den Teig setzen und mit dem restlichen Teig bedecken. Die Muffins im vorgeheizten Ofen bei 175 °C ca. 25 Minuten backen und kalt oder warm servieren.

TIPP: Die Kräutermuffins bereichern jedes sommerliche Buffet, können auch gut zu einem Picknick mitgenommen werden.

Süßes Pesto

„And the winner is" …: das Eichhörnchen. Die possierlichen Wesen fühlen sich angesichts eines nahen Eichenwaldes bei uns sehr wohl. Das ganze Jahr haben wir Freude an den flinken Mitbewohnern. Um die Haselernte allerdings wird gerungen. Sind wir nicht schnell genug, können wir nur noch die Schalenreste im Beet einsammeln, für 2–3 Kuchen reicht es aber allemal. Und davon bekommen die Eichhörnchen NICHTS ab – so weit geht die Tierliebe nicht.

ZUTATEN

je ein Bund Pfefferminze und Zitronenmelisse

1 EL Zucker

Saft von 1 Zitrone

Holunderblütenlikör oder Zitronenlikör

Die Kräuter waschen, trocken schütteln, die Blättchen abzupfen und mit einem scharfen Messer sehr fein schneiden. Den Zucker mit Zitronensaft zugeben, so dass eine feste cremige Masse entsteht. Mit Holunderblüten- oder Zitronenlikör parfümieren. Das Pesto in ein Schraubglas füllen und kühl lagern.

TIPP: Man kann das Pesto noch ein wenig knackiger machen, indem man fein gehackte Nüsse oder Pistazienkerne zugibt. Das Pesto schmeckt hervorragend zu Obstsalat, auf Quark und zu roter Grütze. Es kann auch zur Tortendekoration verwendet werden.

Lavendel-Essig

„Bringst du etwas mit?" Eine Frage, die ich häufig höre. Na klar, aber was? Kuchen, einen Salat, aber ab und zu sollte es schon etwas Außergewöhnliches und auch etwas Persönliches sein. Natürlich aus meinem Garten! So habe ich gerührt und probiert, Kräuter mariniert. Das Ergebnis passt: Kleine Fläschchen, gefüllt mit meinem Lavendel-Essig.

ZUTATEN

500 ml weißer Balsamico-Essig

6 Stängel Lavendel mit Blüten

Die Lavendel-Stängel knicken und in eine Flasche stecken. Mit dem Essig auffüllen und verschlossen ca. 3 Wochen ziehen lassen. Den Lavendel abseihen und den Essig in kleine Flaschen umfüllen.

TIPP: Der Essig variiert Salatsaucen und kann auch gut als Marinade – z. B. für Putenfleisch – genutzt werden. Mit frischen oder getrockneten Lavendelblüten ist der Lavendel-Essig ein willkommenes Mitbringsel.

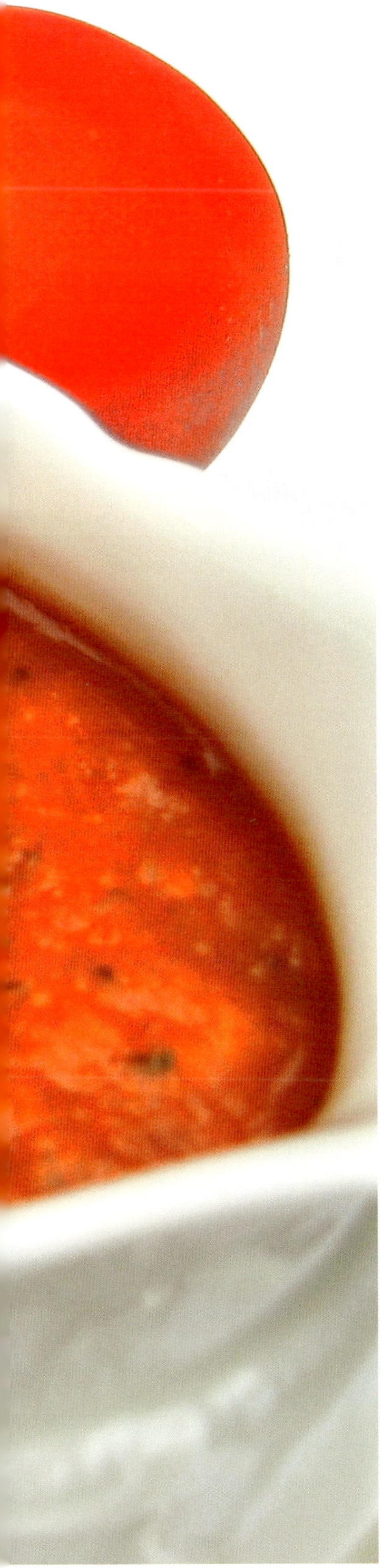

Tomatensauce sollte auch nach Tomaten schmecken. Auf der Suche nach einer schmackhaften Variante entstand dieses Rezept. Wenn ich die Rote Sauce koche, dann gleich in einem großen Topf. Heiß abgefüllt hält sie sich in Schraubgläsern im Kühlschrank ein paar Tage frisch.

Meine Rote Sauce

Variationen erwünscht

ZUTATEN

1 Schalotte

3 Lauchzwiebeln

2 Möhren

1 kleine Fenchelknolle

1 Stück Sellerie

1 kleine Zucchini

1 TL brauner Zucker

1 EL Tomatenmark

500 g Tomaten

Gemüsebrühe (entweder Instantbrühe verwenden oder eine Brühe frisch kochen und portionsweise einfrieren)

Salz, Pfeffer, Rosmarin, Thymian, Oregano

1–2 EL Öl

Die fein gewiegte Schalotte und die Lauchzwiebelringe in Öl andünsten, Möhrenwürfel, Fenchelstreifen, Selleriewürfel und Zucchinischeiben zugeben, andünsten und mit braunem Zucker und Tomatenmark karamellisieren. Die Tomaten waschen, den Stielansatz entfernen, evtl. häuten und in den Topf geben. Anschließend mit Gemüsebrühe ablöschen. Mit Salz und Pfeffer würzen und die frischen Kräuter zugeben. Ca. 10–15 Minuten im geschlossenen Topf garen.

TIPP: Die Sauce verwende ich als Grundlage für verschiedene Gerichte. Mit etwas Rotwein verlängert, reiche ich sie als Gemüse-Bolognese zu Spaghetti. Als Ragout nehme ich sie als Gemüsebett in einer Auflaufform und lege Fischfilet oder gefülltes gratiniertes Gemüse obenauf, oder ich reiche die Sauce zu gebratenem mediterranen Gemüse wie z. B. Zucchini oder als Gemüsebeilage zu Reis oder Polenta.

Tomaten-Crostini-Dreierlei

ZUTATEN

5 feste Fleischtomaten

1 Packung Frischkäse

1 Dose Thunfisch naturell

1 Bund Lauchzwiebeln

1 EL Kapern

1 Scheibe gekochter Schinken

1 kleine gelbe Paprikaschote

Salz, Pfeffer

Basilikum, weitere frische Kräuter nach Geschmack

3 Scheiben Baguettebrot pro Person

Knoblauchzehen nach Geschmack

Olivenöl

etwas Balsamico-Essig

Die Tomaten in einer Schüssel mit kochendem Wasser übergießen, häuten und sehr fein würfeln. Die Menge gleichmäßig auf 3 kleine Schüsseln verteilen.

Für den ersten Belag die Tomatenwürfel in einer Schüssel mit fein geschnittenem Basilikum, Salz und Pfeffer vermengen. Den Frischkäse auf die anderen beiden Schälchen verteilen. Die Tomaten im zweiten Schälchen mit dem zerpflückten Thunfisch, einigen Lauchzwiebelringen und fein geschnittenen Kapern vermengen, salzen und pfeffern. Frische Kräuter nach Geschmack unterheben.

Im dritten Schälchen Tomaten und Frischkäse mit Lauchzwiebelringen, fein gewiegtem Kochschinken und der sehr fein geschnittenen Paprikaschote verrühren, salzen, pfeffern und mit frisch geschnittenen Kräutern würzen.

Die Baguettescheiben im Backofen unter dem heißen Grill rösten (Vorsicht, geht sehr schnell). Die Brotscheiben auf ein dekoratives Tablett legen, mit Knoblauchzehen einreiben und mit etwas Öl beträufeln. Die 3 Beläge auf die Baguettescheiben vorsichtig verteilen. Die Crostinis mit etwas Balsamico-Essig überziehen, mit frischen Kräutern anrichten und sofort servieren.

TIPP: Das Grundrezept besteht darin, dass Scheiben von Landbrot aus Weizenmehl oder Weizen-Roggen-Gemisch mit Knoblauch eingerieben und vor dem Verzehr mit Olivenöl beträufelt werden. Diese Crostinis kann man auch selber backen, das ist aber sehr aufwendig. Gute Bäckereien liefern heute bereits gute Landbrote. Die Crostinis schmecken sehr gut als Vorspeise, durch Auswahl der Kräuter und evtl. unter Verwendung von Ziegenfrischkäse kann die Geschmacksnote variiert werden. Vorsicht: Sie weichen schnell durch und müssen sofort verzehrt werden.

Bei uns der Herbstklassiker: ein heiß serviertes Backöfele – gerne als „Aufwärmessen" nach der Gartenarbeit. Man kann es super vorbereiten, in den Backofen schieben und gemütlich im Garten arbeiten oder einen langen Herbstspaziergang machen.

Elsässer Backöfele

ZUTATEN

750 g Schweinenacken

250 g durchwachsener Speck

2–3 Zwiebeln

3 Möhren

2 Stangen Lauch

1/4 Sellerieknolle

2 Knoblauchzehen

1 Gartenkräuterstrauß, z. B. Petersilie, Schnittlauch, Rosmarin nach Geschmack

3 Lorbeerblätter

300 g Kartoffeln

500 ml Wein, z. B. einen trockenen Riesling (evtl. mit Gemüsebrühe ergänzt)

Salz und Pfeffer

Das Fleisch und den Speck in mundgerechte Würfel schneiden. Das Gemüse schälen und in feine Scheiben schneiden, den Knoblauch würfeln und alles in einer ofenfesten großen Form mit Kräuterstrauß belegen; Wein darübergeben über Nacht im Kühlschrank marinieren. Am nächsten Tag die Kartoffeln schälen, in grobe Würfel schneiden und mit dem Gemüse vermengen. Das Ganze kräftig mit Salz und Pfeffer würzen. Den Topf mit einem Deckel verschließen und im vorgeheizten Ofen bei 160 °C gut zwei Stunden garen. Nach dem Garen, kurz vor dem Servieren, den Gartenkräuterstrauß wie auch – wenn möglich – die Lorbeerblätter entfernen.

TIPP: Es gibt für diese Speise spezielle tönerne Formen. Wichtig ist die ausreichende Höhe des Gefäßes. Wem der Riesling zu stark im Geschmack ist, der kann auch eine Wein-Gemüsebrühe-Mischung verwenden. Eine besondere Note bekommt das Gericht, wenn man statt des irdenen Deckels den Topf mit einem Roggen-Mischbrot-Teig verschließt.

Warmes für kalte Herbst- und Wintertage, meine Suppenküche ist dann besonders gefragt. Denn sie kann man auch mal schnell aufwärmen, wenn man fröstelnd aus dem Garten kommt. Alle Kräuter, die im Garten auch manchmal an verborgenen Ort wachsen wie z. B. Giersch – für viele einfach nur Unkraut –, ernte ich vor dem Frost, friere vielleicht ein paar Portionen ein, oder ich mache gleich ein bisschen Kräuterpaste auf Vorrat. Eine Naschdose voll im Kühlschrank sorgt für Gartenfeeling im Januar.

Garten-Kräutersüppchen

ZUTATEN

Kräutersuppe:

200 g Selleriewürfel

200 g Petersilienwurzelwürfel

200 g Pastinakenwürfel

100 g Schalottenwürfel

50 g Butter

750 ml Gemüsebrühe

150 ml süße Sahne

Gartenkräuterpaste:

jeweils eine gute Hand voll: Giersch, Brennnessel, Wilde Rauke, Vogelmiere, Schafgarbe, Bärlauch, Spitzwegerich

1 TL Rapsöl

Kräutersalz

Die geschälten, geputzten Gemüsezutaten und die Schalotten fein würfeln. Die Schalotten in der Butter andünsten, die Gemüsewürfel dazugeben, mit der Gemüsebrühe aufgießen und ca. 15 Minuten köcheln lassen. Die süße Sahne hinzugeben und die Suppe mit dem Stabmixer pürieren. Für die Kräuterpaste die Kräuter gründlich waschen und nur die zarten Blätter verwenden. Spitzwegerich und Brennnessel evtl. vorher in der Gemüsebrühe blanchieren. Alle Kräuter im Küchenmixer zusammen mit Öl und etwas Kräutersalz zu einer Paste pürieren. Die Gartenkräuterpaste mit dem Stabmixer in die Suppe einarbeiten, nochmals aufmixen, in vorgewärmten Tellern anrichten und mit Kräuterblättern Ihrer Wahl garnieren.

TIPP: Durch die Menge der Kräuterpaste beeinflussen Sie die Intensität des Geschmacks. Man kann die Suppe auch mit einem kleinen gebratenen Fischfilet oder mit gebratenen Scampi und etwas Knoblauchöl servieren.

Wer bei Ochsenherzen an Rindvieh denkt, liegt bei mir vollkommen falsch. Für mich sind Ochsenherzen zwar auch rot, aber es ist die alte Tomatensorte, die *Cœur de Bœuf* aus Frankreich. Selbst im kleinsten Garten gedeihen Tomaten, wenn sie ein geschütztes, sonnig-warmes Plätzchen haben. Ochsenherzen sind für Hobbygärtner schon eine Herausforderung, aber mittlerweile gibt es Landwirte, die die alten Sorten wieder anbauen. Deshalb werde ich auf dem Wochenmarkt in der Saison immer fündig.

Gefüllte Ochsenherzen

ZUTATEN

Füllung:

400 ml Gemüsebrühe

200 g Bulgur

1 Schalotte

1 Knoblauchzehe

1 EL Olivenöl

1 kleine Möhre

1 gelbe Paprikaschote

frische Kräuter

150 g Schafskäse

4 – 6 große Ochsenherz-tomaten („Cœur de bœuf")

Gemüseragout:

1 Schalotte

1 Knoblauchzehe

2 EL Olivenöl

1 Möhre, 1 Zucchini

2 Tomaten

1 EL Tomatenmark

etwas Gemüsebrühe

Salz, Pfeffer, Rosmarin, Oregano, Thymian

Butter für die Form

Backofen auf 200 °C vorheizen. Eine Auflaufform ausbuttern. Für die Füllung die Gemüsebrühe aufkochen und den Bulgur darin 10–15 Minuten ausquellen lassen. Überschüssige Flüssigkeit abgießen. Die Schalotte und die Knoblauchzehe fein würfeln und in dem Öl andünsten. Geschälte und sehr fein gewürfelte Möhre zugeben, ebenso die gewaschene, geputzte und fein geschnittene Paprikaschote. Salzen, pfeffern und 5 Minuten garen. Beiseitestellen.
In einer breiten Kasserolle die gewürfelte Schalotte und die fein geschnittene Knoblauchzehe in Olivenöl andünsten, das geputzte und gewürfelte Gemüse hinzugeben. Das Tomatenmark mit dem Gemüse anrösten. Von den Ochsenherztomaten das obere Drittel als Deckel abschneiden (es sieht schön aus, wenn der grüne Stielansatz am Deckel bleibt), mit einem Esslöffel das Fruchtfleisch herauskratzen. Das entnommene Fruchtfleisch zum Gemüseragout geben, ebenso die beiden anderen gewürfelten Tomaten. Mit der Gemüsebrühe ablöschen, salzen, pfeffern und die Kräuter zufügen. Den Bulgur unter die erste Masse heben und den klein gewürfelten Schafskäse zugeben. Mit der Masse die Ochsenherztomaten füllen und den Deckel auflegen. Das Gemüseragout in die vorbereitete Auflaufform geben, die gefüllten Tomaten aufsetzen, überschüssige Füllung kann seitlich auf das Ragout gegeben werden. Im vorgeheizten Backofen 15–20 Minuten backen.

TIPP: Die gefüllten Tomaten sind farblich eine Augenweide, man kann jedoch auch normale Fleischtomaten füllen, ebenso eignet sich diese Füllung für gratinierte Zucchini oder halbierte Paprikaschoten. Wer möchte, kann zu einer Mahlzeit die Gemüsesorten auch mischen, allerdings haben Tomaten, Paprika und Zucchini unterschiedliche Garzeiten.

Graupensuppe
mit Liebstöckel

ZUTATEN

2–3 Möhren
¼ Knollensellerie
1 kleine Stange Lauch
1 EL Rapsöl
1 ½ l Gemüsebrühe
1 Lorbeerblatt, 1 Nelke
1 Zwiebel
1 Stängel Liebstöckel
glatte Petersilie
Salz, Pfeffer, Muskat
100 g feine Perlgraupen

Das Gemüse waschen, putzen und in möglichst kleine Würfel schneiden. In dem Rapsöl kurz andünsten, mit Gemüsebrühe auffüllen. Das Lorbeerblatt auf die geschälte Zwiebel legen und mit der Nelke feststecken, zur Suppe geben.
Liebstöckel und zwei Petersilienstängel zugeben, salzen, pfeffern und 20 Minuten garen lassen. Die feinen Perlgraupen in einem Sieb abbrausen und abtropfen lassen. In einem zweiten Topf in etwas Salzwasser ca. 45 Minuten sanft köcheln lassen. Die Zwiebel, Liebstöckel und Petersilie aus der Gemüsebrühe nehmen. Nochmals mit Salz, Pfeffer und Muskat abschmecken. Die Graupen in vorgewärmte tiefe Teller verteilen und mit der Gemüsesuppe auffüllen. Mit gehackter Petersilie bestreuen.

TIPP: Graupen quellen in Flüssigkeit lange nach und werden unansehnlich, daher koche ich sie stets separat und gebe sie erst vor dem Servieren zur Suppe. Zu diesem vegetarischen Gericht schmecken gut hauchdünn gebackene, aufgerollte und in Streifen geschnittene Eierkuchen. Wer Fleisch dazu möchte, kann Mettendchen mitkochen oder Heiße-Würstchen-Scheiben dazugeben. Auch kross gebratener Frühstücksspeck als Auflage schmeckt gut. Ich bevorzuge allerdings die vegetarische Variante. Vorsicht: Liebstöckel ist ein sehr intensives Gewürz (man nennt es auch Maggikraut) und sollte daher nur in kleinen Mengen verwendet werden.

Kürbis-Wurzel-Eintopf

Eintopf heißt nicht nur irgendeinen Topf nehmen. Groß genug muss er schon sein. Der Eintopf hat vor allem eine lange Küchentradition und schon lange vor sich hin geköchelt, auch wenn schon mal etwas angebrannt ist. Wegschmeißen: das geht nicht.

ZUTATEN

400–500 g Möhren
1 große Steckrübe
1 Hokkaido-Kürbis
ca. 500–400 g Kartoffeln
2 Zwiebeln
1 EL brauner Zucker
2 EL ÖL
ca. 1/4 l Gemüsebrühe
Salz, Pfeffer, Muskat
frischer Majoran
frischer Thymian
evtl. 4 Mettendchen, alternativ Blutwurstscheiben oder Wurstbrot

Gemüse waschen, schälen und würfeln. Von jeder Gemüsesorte ca. 400 g abwiegen. Die Zwiebeln schälen, würfeln und im Öl andünsten. Alle Gemüsewürfel zugeben und in einem großen Topf mit braunem Zucker karamellisieren. Die Gemüsebrühe angießen, salzen, pfeffern und die Kräutersträußchen anlegen. Den Eintopf im geschlossenen Topf 15–20 Minuten garen. Danach die Kräuter entfernen, das Gemüse evtl. etwas anstampfen und nach Bedarf Flüssigkeit zugeben, je nachdem, in welcher Konsistenz der Eintopf verzehrt werden soll. Mit Salz, Pfeffer, Muskat und evtl. Zucker nachwürzen.

TIPP: Dieses Gericht schmeckt hervorragend zur Erntezeit. Möchte man es etwas gehaltvoller servieren, können Mettendchen mitgegart oder gebratene Blutwurstscheiben bzw. Wurstebrot obenauf angerichtet werden. Manche mögen dazu auch Frikadellen oder Bratwurst.

Wirsinglasagne

ZUTATEN

500 g Wirsingblätter

1 Zwiebel

etwas Butter

2 Möhren

¼ l Gemüsebrühe

Salz, Pfeffer, Muskat

250 g Sauerrahm

500 g Tomaten

1 Schalotte

1 EL Öl

1 Möhre

1 Stck. Sellerie

50 g Tomatenmark

Salz, Pfeffer, Paprika, Thymian

8 Wiesenchampignons

Zwiebel, Koriander

etwas Butter

12 Lasagneplatten

Sauerrahm nach Bedarf

geriebener Käse nach Geschmack

Butterflöckchen

Die Wirsingblätter abbrausen, trocknen und den harten Strunk rausschneiden. Die Zwiebel in Butter andünsten, den Wirsing in mundgerechte Streifen schneiden, die geputzten Möhren in dünnen Scheiben zugeben, anschwitzen, mit Gemüsebrühe ablöschen, mit Salz, Pfeffer und frischer Muskatnuss würzen. Nicht ganz durchgaren. Etwas abkühlen lassen und den Sauerrahm unterheben. Ist die Masse zu fest, mit Milch verlängern. Die gehäuteten Tomaten mit den Schalottenwürfeln in Öl anbraten, feine Möhren- und Selleriewürfel zugeben, das Tomatenmark anschwitzen (evtl. etwas Brühe oder Tomatensaft zugeben), mit Salz, Pfeffer, Paprika und Thymian würzen und einkochen lassen. Es soll eine dickliche Sauce entstehen. In einer kleinen Pfanne die Zwiebelwürfel mit Champignonscheiben andünsten, würzen und gemahlenen Koriander zufügen. Für die Lasagne eine tiefe, feuerfeste Form mit Butter oder Öl ausfetten. Nacheinander dann Lasagneplatten, Wirsingmasse, Tomatensugo, Champignonsauce schichten. Wichtig: Die trockenen Lasagneplatten brauchen genügend Sauce. Evtl. vor dem Belag mit Sauerrahm bestreichen. Die letzte Schicht sollen Lasagneplatten sein, die üppig mit Sauerrahm bestrichen und mit Käse bestreut werden. Butterflöckchen obenauf geben oder einige Tropfen Olivenöl. Im vorgeheizten Backofen bei 180 °C ca. 50 Minuten backen. Eventuell mit Folie abdecken.

TIPP: Wer auf die Fleischkomponente nicht verzichten möchte, der kann als unterste Schicht angebratenes Hackfleisch einfüllen, kräftig gewürzt. Zum Wirsing harmoniert hervorragend Lammhackfleisch, mit Zwiebeln, krümelig gebraten. Ich bevorzuge Salzwiesenlamm. Mit einem Salat vorab und einem Dessert danach auch für Gäste gut geeignet.

Möhren-Rohkost muss nicht langweilig sein.
Der Mix bestimmt den Geschmack. Und da gibt es
bei uns viele Varianten, zum Beispiel die rot-grüne …

Fruchtiger Möhrensalat

ZUTATEN

Für den Salat:

500 g Möhren

1 Orange

1 rosafleischige Pampelmuse

2 EL Sonnenblumenkerne

1 EL gekeimte Weizenkörner

2 Lauchzwiebeln

1 Hand voll Feldsalatröschen

Für die Salatsauce:

Saft von 1 Zitrone

1 EL Ahornsirup

Knoblauchsalz

weißer Pfeffer
nach Geschmack

3 EL Rapsöl

Die frischen Möhren raspeln, Orange und Pampelmuse schälen und in sehr feine Stücke schneiden. Sonnenblumenkerne und je nach Geschmack Sprossen, z. B. gekeimte Weizenkörner, hinzufügen. Lauchzwiebeln putzen, waschen, in feine Ringe schneiden und zum Salat geben.
Für die Sauce die Zutaten verrühren und mit dem Salat vermengen. Salat in einer weiten Glas- oder Porzellanschüssel anrichten und mit gewaschenen und geschleuderten Feldsalatröschen am Rand dekorieren.

TIPP: Dieser Salat ist ein Hingucker auf jedem Buffet und eine Augenweide in der Herbst- und Winterküche. Sein großes Plus: Er behält lange seine Frische, so dass man ihn gut vorbereiten kann.

Gebackene Kohlrabischeiben

ZUTATEN

2 große Kohlrabi

1 Prise Salz

2 EL Mehl

1 großes Ei

150 g Paniermehl

ca. 50 g Reibekäse

Butterschmalz oder Bratöl

Für den Schnittlauchschnee:

2 Schalotten

400–500 g Kartoffeln

3–4 Lauchzwiebeln

2 EL Öl

400 ml Gemüsebrühe

1 großes Bund Schnittlauch

200 ml Sauerrahm

Salz, Pfeffer

Muskat nach Geschmack

Die Kohlrabi schälen und in ca. 1,5 cm dicke Scheiben schneiden. In wenig Salzwasser bissfest garen oder dämpfen. Auf Küchenkrepp trocknen. Die Kohlrabischeiben hintereinander in Mehl, verschlagenem Ei und Paniermehl wenden. Wer möchte, kann zum Paniermehl etwas trockenen Reibekäse geben. Im heißen Fett goldbraun backen.
Für den Schnittlauchschnee die Schalotten abziehen und würfeln, Kartoffeln schälen, waschen und grob würfeln, die Lauchzwiebeln putzen und in Ringe schneiden. Alles zusammen in Öl kurz andünsten, die Brühe zugeben und ca. 15 Minuten köcheln lassen. Den Schnittlauch waschen, trocken schütteln, fein schneiden und zum Gemüse geben. Alles mit dem Kartoffelstampfer zu einer feinen Creme aufschlagen, den Sauerrahm mit einarbeiten und die Masse mit Salz, Pfeffer und Muskat würzen. Gebackene Kohlrabischeiben auf Küchenkrepp abtropfen lassen und auf dem Schnittlauchschnee anrichten, evtl. mit Schnittlauchröllchen garnieren.

TIPP: Die Konsistenz des Schnittlauchschnees beeinflusst man durch die Menge der hinzugefügten Gemüsebrühe. Der Schnittlauch kann auch durch andere frische Kräuter, wie z. B. Rucola oder Basilikum, ersetzt werden.

Kartoffelsuppe: ein Kellerkind, das sich äußerst schmackhaft präsentiert. Egal, ob Eintopf oder Vorspeise: Heiß serviert, ist die Kartoffelsuppe geradezu prädestiniert, von innen zu wärmen – z. B. wenn die Finger klamm sind vom Laubfegen im herbstlichen Garten. Meine Kartoffelsuppe serviere ich in der Knolle.

Kartoffelsuppe in der Knolle

ZUTATEN

4 sehr dicke Kartoffeln, mehligkochend

1 kl. gewürfelte Möhre

125 g Selleriewürfel

125 g Lauchstreifen

100 g Zwiebelwürfel

75 g Butter

700 ml Gemüsebrühe

200 ml süße Sahne

Salz, Pfeffer, Muskat

Majoranblättchen, Thymianblättchen

Schnittlauchröllchen

Die Kartoffeln unter fließendem Wasser gründlich bürsten. Das obere Drittel quer abschneiden und die Frucht mit einem Kugelausstecher so aushöhlen, dass ein ca. 1cm breiter Rand stehen bleibt. Es klappt auch mit einem gezackten kleinen Löffel, wie man ihn zum Auslöffeln einer Grapefruit oder Kiwi benutzt. Die Kartoffelhüllen nicht zu weich garen, am besten nimmt man dazu ein Dampfkörbchen. Falls der Fruchtfleischrand in der ausgehöhlten Kartoffel noch zu dick sein sollte, noch mal etwas herauskratzen. Das gesamte Fruchtfleisch und den geschälten Deckel mit Möhren, Sellerie, Lauch und Zwiebeln in Butter andünsten und mit Brühe angießen. Ca. 15 Minuten köcheln lassen, die Sahne hinzugeben. Die Suppe mit dem Pürierstab aufschäumen, mit Salz, Pfeffer und Muskat würzen. Die gedämpften Kartoffelhüllen auf vorgewärmte Teller stellen, die Suppe vorsichtig einfüllen und mit den fein gezupften Kräutern garnieren.

TIPP: Die Suppe wird würziger, wenn man statt der Gemüsebrühe eine kräftige Rindfleisch- oder Hühnerbrühe verwendet. Das Gericht kann man auch noch auf verschiedene Weise anreichern. Dazu einfach in Streifen oder Stückchen geschnittenen geräucherten Lachs oder Aal hinzugeben. Es funktioniert auch gut mit angebratenem Bacon, gebratener Gänsebrust oder gebratenen Würstchenscheiben. Kartoffelsuppe wärmt besonders an kalten Abenden, und mit einem Glas Wein und einem kräftigen, frischen Brot braucht man dann eigentlich kein Hauptgericht mehr.

DAS PASSIEREN VON GEMÜSESUPPEN

Das zahlreiche Gemüse zu allen Jahreszeiten im Gartenkalender kann immer wieder zu neuen Gemüsesuppenkreationen führen: ob klassisch die Kürbis- oder Möhrencremesuppe oder neue alte Gemüsesorten wie Pastinake und Petersilienwurzel, sie alle sind Grundlage für köstliche Magenstreichler.
Soll die Suppe zur „feinen" Gemüsesuppe mutieren, so wird sie durch ein Spitzsieb passiert. Sie bekommt dadurch eine samtig-seidige Konsistenz.
Bei einem Urlaub in einem österreichischen Bio-Hotel mit Grüner-Hauben-Küche durfte ich dem Küchenchef über die Schulter schauen, und er demonstrierte mir, wie die riesigen Suppenmengen passiert wurden – das Schöpfen hatte nachgerade meditativen Charakter. Klassische Lehrlingsarbeit! Übrig blieb ein faseriger trockener Rest, der dort der Bergziegenherde, die mit Glöckchen um den Hals ihr friedliches Dasein hinter der Küchentür genoss, täglich zugeführt wurde. In der Natur geht halt nix verloren. Ich bezweifle jedoch, ob unsere Nachbarn im Siedlungshaus eine beglockte Ziegenherde willkommen heißen würden. Daher verwende ich die Passierreste zum Anschmoren bei der Saucenzubereitung – zumindest als Verstärkung der frischen Gartengemüse.

Petersilienwurzeln schmecken lecker, aber ihr Outfit ist etwas blass. Deshalb musste Farbe in den Suppentopf, und was bietet sich da sofort an? Die Petersilienblätter natürlich. Wenn man dann beide Suppen auf den Teller gibt, kann jeder ganz nach künstlerischer Kreativität alles scharf trennen oder impressionistische Suppenbilder zaubern.

Zweifarbige Petersiliensuppe

ZUTATEN

750 g Petersilienwurzeln

1 EL Margarine

1 l Gemüsebrühe

Salz, Pfeffer, Muskat

100 g Schlagsahne

1 Bündchen glatte Petersilie

Die Petersilienwurzeln schälen und die Wurzeln in kleine Stücke schneiden. Die Gemüsewürfel in einem Topf in Margarine andünsten, mit Gemüsebrühe auffüllen, salzen und pfeffern. Dann 15 Minuten gar kochen. Mit Sahne pürieren und mit Muskatnuss würzen.
Die Suppe auf zwei Töpfe verteilen. Für die grüne Petersiliensuppe die gehackten Petersilienblätter hineinarbeiten und mit pürieren. In vorgewärmte Teller die weiße Petersiliensuppe vorsichtig auf die eine Seite geben, die grüne Suppe auf der anderen Seite hineinlaufen lassen, mit einer Gabel mittig ein kleines Muster ziehen. Mit einem Petersilienblatt garnieren und sofort servieren.

TIPP: Suppen, die zweifarbig angerichtet sind, sehen sehr interessant aus. Eine Zweifarbigkeit kann man leicht auch bei einer Kräuter-Kartoffel-Suppe oder Brokkoli-Blumenkohl-Suppe erreichen. Macht optisch richtig was her und schmeckt nie langweilig.

Erbsen, Bohnen, Linsen – die Klassiker der Eintopf-Küche sind bei vielen verpönt, weil zerkocht und zu wenig Geschmack. Aber die neuen Sorten, z. B. die Belugalinsen, überzeugen auch Feinschmecker. Egal, ob kalt oder warm serviert. Etwas für alle Eintopf-Überdrüssigen.

Linsensalat

ZUTATEN

- 200 g Belugalinsen (oder Berglinsen)
- Gemüsebrühe zum Kochen
- 1 rote Zwiebel
- 2–3 Möhren
- 2 Stangen Sellerie
- 1 Fenchelknolle
- 1 EL Rapsöl
- 1 kleine Lauchstange
- 1–2 rote Äpfel
- etwas Zitronensaft
- 4 EL Apfelessig
- Saft einer kleinen Zitrone (oder milder Weinessig)
- 4 EL Rapsöl
- Salz, Pfeffer, Ahornsirup
- evtl. 1 TL fruchtigen Senf
- Milde Gartenkräuter (nach Geschmack)

Die Linsen in Gemüsebrühe bissfest kochen, kalt abschrecken, um den Garprozess zu stoppen. Die Zwiebel putzen und würfeln, ebenso die Möhren, den Sellerie und die Fenchelknolle. Alles zusammen in 1 EL Öl kurz anschwitzen. Von der Herdplatte nehmen und abkühlen lassen. Den geputzten Lauch in feine Ringe schneiden und die Äpfel würfeln (sofort mit Zitronensaft begießen). Alle Zutaten vorsichtig mischen. Aus den restlichen Zutaten eine Vinaigrette erstellen und unter den Salat heben. Mit frischen Kräutern nach Geschmack abschmecken.
Dieser Salat schmeckt sowohl lauwarm als auch gut gekühlt. Zum Servieren auf einer tiefen Platte anrichten und mit Apfelschnitzen und Kräutern dekorieren.

TIPP: Ich bevorzuge diese fruchtig-süße Variante, man kann mit Linsen fast alle Gartengemüse kombinieren, besonders die herbstlichen Sorten. Manche mögen diesen Salat mit mediterranen Gemüsesorten und -kräutern, nur Mut zur Kreation. Auf einem Salatbett serviert, hat man eine vollwertige Mahlzeit.

Schwarzwurzeln in Zitronensauce

ZUTATEN

4 Äpfel

3–4 Schalotten

1 kg Schwarzwurzeln

500 g Wirsing (die äußeren Blätter)

1 EL Rapsöl, 1 EL Butter

300 ml naturtrüber Apfelsaft

125 g Sauerrahm

Zitronensaft

Salz, Pfeffer, Majoran, Muskat, wenig Kümmel

Äpfel und Schalotten schälen und fein würfeln. Die Schwarzwurzeln putzen und in 2 cm dicke Scheiben schräg schneiden. Wirsing putzen und die dicken grünen Blätter ohne den harten Strunk in Rauten schneiden, abbrausen und leicht anschleudern. Die Schwarzwurzeln in wenig Wasser blanchieren, abgießen, das Kochwasser auffangen. Schalottenwürfel in der Hälfte des Fettes anschwitzen, Apfelwürfel zugeben, mit Apfelsaft ablöschen und 8–10 Minuten leicht köchelnd reduzieren.

Den Sauerrahm unterheben und ziehen lassen. Schwarzwurzeln im restlichen Fett anschwitzen, Wirsingrauten hinzugeben und bissfest garen lassen. Das Kochwasser zufügen zum Verlängern der Sauce. Mit wenig Zitronensaft und den Gewürzen abschmecken. Vom Kümmel darf es nur ein Hauch sein. Die Wirsingblätter auf Tellern ausbreiten, die Schwarzwurzeln darauf drapieren und mit der Apfelsauce nappieren. Apfelspalten und Majoransträußchen als Deko.

TIPP: Schmeckt sehr gut als vegetarisches Hauptgericht mit Kartoffelbrei. Man kann jedoch auch gebratene Tofustreifen oder Schweinefilet kurz gebraten dazu reichen. Sehr fein schmeckt ein mildes Kalbfleisch dazu. Eine leichte Alternative zur deftigen Winterküche.

Arme Ritter

Brot-Resteessen: „Glück auf dem Teller". Sind bei uns Brötchen übrig, schneide ich sie in hauchdünne Scheiben und lege sie in einer Papiertüte weg. Sie halten sich lange, auch wenn sie etwas austrocknen. Daraus kann man hervorragend „Glück auf den Teller zaubern" – so wie unsere Mütter und Großmütter das taten. Sie hatten nicht viel zur Verfügung, aber jede Menge Fantasie, Kreativität und Liebe zum Kochen.

ZUTATEN

Menge je nach Personenanzahl:

alte Brötchenhälften oder Brotscheiben

Milch, Eigelb, Butter zum Braten

Schinken (pikante Variante)

Obstkompott oder Vanillesauce (süße Variante)

Die altbackenen Brötchenhälften oder Brotscheiben einfach kurz in Milch eintauchen, durch ein Eigelb ziehen und in der Pfanne kross braten. Oder man vermengt Milch und Eigelb vorher. Das geht noch einfacher. Dazu je nach Belieben etwas Pikantes wie Schinken oder Süßes wie z. B. ein Obstkompott oder Vanillesauce reichen.

Himmel und Erde

ZUTATEN

Reste vom Kartoffelpüree

Reste vom Apfelmus

Wurstebrot und Leberbrot (oder andere Rotwurstsorten)

2–3 Äpfel

1 Zwiebel

Petersilie

Fett zum Braten

Das Kartoffelpüree und das möglichst stückige Apfelmus getrennt voneinander aufwärmen. 2 Scheiben Wurstebrot und Leberbrot in der Pfanne kross braten. Auf Küchenkrepp abtropfen lassen und vierteln. Im Bratfett Apfelwürfel mit Schale und Zwiebelringe bräunen. Auf vier Teller vier Servierringe stellen und das Kartoffelpüree mit dem Löffel eindrücken. Das Apfelmus auflegen, flach streichen und mit Wurstebrotecken abdecken. Die Servierringe entfernen, das restliche Wurstebrot und Leberbrot anlegen und mit Apfelwürfeln, Zwiebelringen sowie frisch geschnittener Petersilie garniert servieren.

TIPP: Üblicherweise isst man Himmel und Erde „durcheinander". Ich mag diese edle Variante als Schichtung. Im Münsterland ist Leber- und Wurstebrot bekannt, der Rheinländer isst dazu gebratene Blutwurst, im Ruhrgebiet kennt man Panhas und in anderen Regionen andere gebratene Rotwurstsorten.

Dass man aus Resten etwas Leckeres zaubern kann … Dafür braucht man den Blick und etwas Fantasie. In keinem Fall sollte man Reste routinemäßig in der Abfalltonne entsorgen. Der Klacks Gemüse in der Schüssel, weg damit … Das ist bei uns etwas anders. Schon beim Abräumen weiß ich: Das ist die Grundlage für einen Auflauf aus der Resteküche. Mut beweisen und kreativ kombinieren: So geht's. Einfach ein Ei darüber und umrühren gehört eher in die Abteilung „Langweilige Variante". Es geht auch mörderisch lecker, genussfreudiger und unkonventioneller. Aus nichts etwas machen ist die Herausforderung, und so entstanden bei uns ganz typische Familienrezepte. Außerdem geht das Kochen mit Resten schnell, ist günstig und nicht aufwendig! Wenn ich auch nur eine Salzkartoffel oder einen Klacks Kartoffelpüree im Schälchen im Kühlschrank horte, ernte ich auch schon mal ein Schmunzeln. Aber es lohnt sich: Nach 3–4 Tagen kommen schnell 4–5 Kartoffeln zusammen: Es ist Kartoffelplätzchenzeit – die Gelegenheit für das folgende Rezept.

Kartoffel-Kräuter-Plätzchen

ZUTATEN

- Salzkartoffelreste oder Kartoffelbrei vom Vortag
- Quark
- Eigelb
- Petersilie, Schnittlauch
- Salz, Pfeffer, Muskat
- Semmelbrösel
- Butterschmalz oder Öl

Die Kartoffelreste durch die Kartoffelpresse drücken oder den restlichen Kartoffelbrei verwenden. Je nach Menge etwas Quark, Eigelb und die geschnittenen frischen Kräuter zufügen. Mit Salz, Pfeffer und Muskat würzen. Mit angefeuchteten Händen kleine Plätzchen formen und in Semmelbrösel wenden. 15 Minuten kalt stellen. In heißem Fett bei milder Hitze goldbraun braten.

TIPP: Wer möchte, kann auch Schinken- oder Wurstreste unter die Kartoffelmasse geben. Zusammen mit Blattsalat ist es eine Hauptmahlzeit, besonders wenn die fertigen Kartoffelplätzchen noch mit Käse gratiniert werden.

Knödelrezepte füllen bei mir mittlerweile viele Zettelkästchen. Ich liebe die kleinen runden Kugeln, jedes Mal fallen mir neue Geschmacksvarianten ein. Mittlerweile mache ich sogar ab und zu einen Knödelkurs für Freunde. Knödel sind agile Geschöpfe: Erst werden sie gerollt, dann müssen sie ruhen, dann sinken sie im Kochwasser nach unten, ziehen, steigen wieder auf, kullern und rollen wieder hoch, schwimmen auf Tellern in Sauce.

Knödel-Reste-Variationen

ZUTATEN

Brotreste aus der Papiertüte

Milch

1–2 Eier

Salz, Pfeffer, Muskat

Zwiebel

Petersilie

Je nach Brötchenmenge etwas heiße Milch zu den Brotresten geben und diese gut durchfeuchten. Eier, Salz, Pfeffer, Muskat, vorher angeschwitzte Zwiebelwürfel und Petersilie zugeben. Die Masse entweder zu Knödeln geformt in kochendem Salzwasser ziehen lassen oder auf Frischhaltefolie zu einer Rolle formen und in einem Topf garen, auswickeln und in Scheiben schneiden. Schmeckt hervorragend auf frischem Blattsalat, angerichtet mit einer Kräuter- oder Radieschenvinaigrette.
Variationen: Man kann das Resteensemble auch mit Blüten der Kapuzinerkresse oder Gänseblümchen dekorieren. Hat man große Esser am Tisch und Käsereste im Kühlschrank – gern auch die pikanten Limburgersorten –, schneidet man den Käse in sehr kleine Würfel und gibt diese unter die Semmelknödelmasse. Mit feuchten Händen zu Knödeln formen, flach drücken, in Brösel wenden und kalt stellen. Gartensalat anrichten auf Tellern, eine Kartoffel- oder Kräutersauce rühren und die Käseknödelscheiben in Butterschmalz vorsichtig in der Pfanne braten. Heiß auf Salat servieren. Nach einem Herbstgartentag schmeckt das zu einem frisch gezapften Pils. Und man kann weitere Gartenpläne schmieden, und die Reste sind zu königlichem Glanz mutiert.

TIPP: Die fertige Semmelknödelmasse hält sich im Kühlschrank 2 Tage frisch. Hat man gerade Gemüse aus dem Garten geputzt und Schalen und Stängel übrig, kann man diese in Salzwasser kochen und mit Petersilie und Liebstöckel verstärken. So zaubert man aus „Abfall" eine kräftige Gemüsebrühe. Unter die Semmelknödelmasse nun ausgebratene Schinken- und Zwiebelwürfel geben, Knödel mit angefeuchteten Händen formen, in der Brühe ziehen, aber nicht mehr kochen lassen.
Mit frischen Kräutern bestreut: ein Gedicht. Oder Pesto oder Reibekäse drauf – fertig. Ein vollwertiges Gericht aus Resten aus dem Garten. Die allerwichtigste „Zutat" hierbei: MUT zum Komponieren.

Was die Kartoffel schafft, gelingt auch dem Keks. Auch aus Plätzchenresten lässt sich was Tolles zaubern. Auch wenn der Name des Rezepts etwas ungemütlich klingt …

Kohlmanns Scheiterhaufen

ZUTATEN

übrig gebliebene Kekse (auch wenn nur noch 2–3 in einer Tüte sind, sollte man sie sammeln, z. B. Eierplätzchen, Amerettini und Cantuccini)

2 EL gehobelte Mandeln

6 EL Zwetschgenbranntwein

200 g Sahne

Zucker

1 Vanilleschote

Die Keksreste und die Mandeln nacheinander in der trockenen Pfanne anrösten und mit dem Obstbranntwein mischen. Sahne mit Zucker und Vanillemark steif schlagen. Keksmischung vorsichtig untermischen. Auf einer mit Backpapier ausgelegten Servierplatte 4 Portionen häufeln, seitlich die Eierplätzchen anlegen. Die „Scheiterhaufen" ca. 4 Stunden in den Gefrierschrank stellen. Zum Servieren kurz antauen lassen, derweil man im Garten nach Obst schaut.
Zum Beispiel sind Pflaumen, schnell mit Gewürzen angeschwitzt und püriert, eine feine Grundlage für den „Scheiterhaufen".

TIPP: Es schmeckt auch mit Beeren, Apfelmus oder Birnen-Quitten-Kompott. Man kann die Scheiterhaufen auch mit Hochprozentigem übergießen und flambieren: eine angenehme „süße" Folterung für die Zunge.

Der Ofenschlupfer ist eine beliebte Süßspeise aus Süddeutschland. Er schmeckt am besten frisch aus dem Ofen. Das Original kommt aus dem Schwabenland. Traditionell besteht der Ofenschlupfer aus Brot, das ein oder mehrere Tage alt ist, und Äpfeln, Rosinen, Mandeln und einer cremigen Sahne-Ei-Mischung. Ofenschlupfer mit Kirschen nennt man Kirschmichel. Sehr lecker schmeckt dieser Ofenschlupfer mit Vanillesauce oder Vanilleeis. Sie können Ofenschlupfer auch als herzhafte Mahlzeit zubereiten, z. B. mit Resten von Ciabatta, mit frischen Tomaten, Pilzen oder Fisch und etwas Käse. Kuchenreste werden bei uns zweimal aufgetischt, aber nicht als trockene bröslige Stücke, sondern als:

Spezial Ofenschlupfer

ZUTATEN

Reste von festem Kuchen (z. B. Hefezopf, Apfelkuchen)

5 EL Wein (können auch Restbestände sein)

Mandelblättchen nach Geschmack

2 Eier

80 g Butter

Zimt, Nelke, Kardamom

1–2 TL Kaffeepulver

Schokostreusel

evtl. Vanille

Orangenlikör (oder Limoncello, Vin Santo)

Zucker nach Geschmack

Butter für die Formen

Die Kuchenreste in Würfel schneiden und mit Wein beträufeln. Die Mandelblättchen in der Pfanne ohne Fett bräunen. Die Eier trennen, das Eigelb mit der Butter schaumig rühren, die Gewürze hinzugeben. Kaffeepulver, Schokostreusel und Vanille sowie den Likör hinzufügen. Eiklar zu Schnee schlagen und unter die Eigelbmasse heben. Kuchenreste und Mandelblättchen zufügen. Eine Auflaufform oder Souffléförmchen buttern und mit Zucker ausstreuen. Die Masse einfüllen und im vorgeheizten Ofen bei 190 °C in die Fettpfanne stellen. Heißes Wasser angießen, dass die Formen 2 cm hoch im Wasser stehen. Je nach Formgröße 25–35 Minuten garen. Heiß auf vorgewärmte Glasteller stürzen. Dazu am besten eine Vanillesauce oder zur Erntezeit eine kalte Beerensauce reichen. Besonders lecker ist auch eine Weinschaumsauce oder Vanilleeis. Im Winter ist auch lauwarmes Obstkompott ein toller Begleiter.

TIPP: Den Variationsmöglichkeiten sind keine Grenzen gesetzt. Man kann auch Trockenfrüchte verwenden, sollte sie jedoch vorher einweichen, da sie sich sonst aus dem Teig die Flüssigkeit ziehen. Einfach schauen, was „weg muss“, und dann mutig ausprobieren. Mit der Zeit bekommt man ein Gefühl für Mengen und Texturen.

DIE AUTORINNEN

MARGARETE KOHLMANN
Jahrgang 1949, wuchs zwischen Töpfen, Pfannen und Gartengeräten im Haushaltswarenladen ihrer Eltern im Essener Süden auf. Nach dem Abitur studierte sie Sozialwissenschaften, Sport und Erziehungswissenschaften und war danach 38 Jahre als Lehrerin im Münsterland tätig. Nach der Pensionierung nahm sie den Faden ihrer Eltern wieder auf und widmet sich seitdem ihren Leidenschaften Küche und Garten. Sie lebt mit ihrem Mann im eigenen Siedlungshaus mit großem Garten in Münster und hat zwei erwachsene Kinder.

ANGELIKA GÖRDES-GIESEN ist studierte und promovierte Dipl.-Ökotrophologin. Ihre Laufbahn als Fachjournalistin begann sie beim AID Verbraucherinformationsdienst in Bonn am Bundeslandwirtschaftsministerium. Sie ist als freie Fernsehjournalistin für diverse ARD-Anstalten und Printmedien tätig und außerdem Dozentin für Ernährungskommunikation an der FH Münster. Im Rheinland geboren, lebt sie heute mit ihrem Mann und ihren Töchtern in Münster.

IMPRESSUM

LV·Buch im Landwirtschaftsverlag GmbH, 48084 Münster

Fotos: Norbert Kohlmann, Münster
Lektorat: Sabine Deing-Westphal, Rhede
Gestaltung: KreaTec – Grafik, Konzeption und Datenmanagement im Landwirtschaftsverlag GmbH, Münster
Druck: Griebsch & Rochol Druck, Hamm

ISBN 978-3-7843-5245-9